La Felicidad
es tu Destino

Obtén una nueva visión sobre el amor

La Felicidad es tu Destino

Crea tu propia Historia

Julieth Pareja Ríos

Nota a los lectores: Esta publicación contiene las opiniones e ideas de su autor. Su intención es ofrecer material útil e informativo sobre el tema tratado. Las estrategias señaladas en este libro pueden no ser apropiadas para todos los individuos y no se garantiza que produzca ningún resultado en particular. Este libro se vende bajo el supuesto de que ni el autor, ni el editor, ni la imprenta se dedican a prestar asesoría o servicios profesionales legales, financieros, de contaduría, psicología u otros. El lector deberá consultar a un profesional capacitado antes de adoptar las sugerencias de este, la integridad de la información o referencias incluidas aquí. Tanto el autor, como el editor, la imprenta y todas las partes implicadas en el diseño de portada y distribución, niegan específicamente cualquier responsabilidad por obligaciones, pérdidas o riesgos, personales o de otro tipo, en que se incurra como consecuencia, directa o indirecta, del uso y aplicación de cualquier contenido del libro.

Este libro no podrá ser reproducido, ni total ni parcialmente, sin previo permiso escrito del autor. Todos los derechos reservados.

Título: *La felicidad es tu destino*

© 2019, Julieth Pareja Rios

juliethparejarios@gmail.com

Autoedición y Diseño: 2019, Julieth Pareja Rios

Primera edición: enero de 2019

ISBN-13: 978-84-09-08489-0

La publicación de esta obra puede estar sujeta a futuras correcciones y ampliaciones por parte del autor, así como son de su responsabilidad las opiniones que en ella se exponen.

Quedan prohibidas, dentro de los límites establecidos por la ley y bajo las prevenciones legalmente previstas, la reproducción total o parcial de esta obra por cualquier medio o procedimiento, ya sea electrónico o mecánico, el tratamiento informático, el alquiler o cualquier forma de cesión de la obra sin autorización escrita de los titulares de copyright.

Índice

Introducción

1. Quién es Julieth Pareja Ríos: 17
2. La niña que soñaba con un gran amor 41
3. La felicidad 49
4. Energía Masculina y Femenina. 61
5. La fe mueve montañas 69
6. ¿Qué amor crees que te mereces? 75
7. La ley del espejo 79
8. En qué parte de la pareja te enfocas 87
9. La gran mentira de la media naranja 97
10. Diferencia entre hombres y mujeres 101
11. La importancia de escuchar 107
12. Tipos de personalidades 113

Vibra en aquello que quieres atraer

13. Define quién eres 133
14. Describe quién eres 135
15. Crea una visión diferente 137
16. ¿Qué es el amor de pareja? 157
17. Un encuentro nada casual 171
18. Ejercicios para atraer al amor 175
19. Quién es esa persona que está
    en algún lugar del mundo para mí 179

20. Qué estoy dispuesto
a darle yo a esa persona............. 181
21. Visualízate con esa persona que sueñas . 183
22. Crea tu panel visionario 187

Ángeles y guías espirituales

23. El poder más grande es el amor........ 201
24. Crea tu propia historia............... 209
25. La luz de los niños 227

Agradecimientos

A todas y cada una de las personas que han pasado por mi vida, a los que hoy me acompañan y a los que no, porque cada uno ha aportado un aprendizaje en la vida, gracias.

A mi familia, por enseñarme que los valores van de la mano con el amor incondicional. Gracias, gracias, gracias.

A mi hermana menor, por ayudarme a practicar con ella todo lo aprendido en estos últimos años y por ser parte de mi espejo.

A mi padre, que me amó de la mejor manera posible, que su alma fue tan generosa de partir antes para que yo trasformara mi vida, pero sobre todo porque aun sin saberlo, me enseñó aquello con lo que no tenía que conformarme.

Gracias, papá, porque aun no estando en este plano, no hubo un solo instante en que no me acompañaste y me guiaste para conocer gente en forma de causalidades que hoy forman parte de esta nueva vida que he creado. Gracias.

Y a ti, amado lector, por darme la oportunidad de ayudarte a crear una nueva vida con una visión sobre el amor de pareja, ese que tanto te mereces y anhelas.

Gracias, gracias, gracias.

Introducción

Me he dado cuenta de que la mayoría de personas tiene un grave error con el verdadero concepto del amor; una parte muy grande cree que el amor es solo estar enamorado de una persona, pero la palabra amor encierra mucho más que eso.

Es una palabra solo de cuatro letras que encierra un significado muy grande, y que por supuesto empieza por nosotros mismos.

Para atraer un amor maravilloso, primero que nada tienes que saber amarte tú, porque si no sabes amarte, no le puedes dar amor a nadie; segundo, tienes que vibrar en la frecuencia de aquello que quieres atraer, y por último no te puedes conformar con aquello que tú mereces, por eso es muy importante que aprendas amarte y valorarte como lo que eres realmente, un ser maravilloso, digno de lo mejor.

Mi gran conflicto para poder acercarme aquello que siempre he deseado era no sentirme merecedora de eso que yo sé que me merezco.

Y esto parece una paradoja, porque a nivel consciente sé qué es lo que quiero, nunca me he conformado con menos de eso, pero a nivel inconsciente todo ha sido más complicado.

Porque hay miedos internos que no te dejan avanzar y acercarte a aquello que tú sabes que quieres y te mereces, ya sea amor, dinero o salud.

Así que en este libro me basaré y haré mucho hincapié en esos miedos internos que no nos dejan avanzar hacia esa relación de pareja que cada uno de nosotros se merece.

La vida es aún más maravillosa de lo que nosotros mismos vemos y creemos, el problema está en que estamos enfocados solo en lo que no vemos o no tenemos.

Vengo de una familia algo desestructurada, por lo que una de mis obsesiones era tener aquel amor que parece que está en extinción.

Hoy me doy cuenta de que necesitas tener unos principios básicos para tenerlo, porque no es que no exista, simplemente que nos conformamos con menos, pensamos que no valemos para tener algo que parece ser más grande que nosotros, o lo que es aún peor, que nosotros mismos no estamos a la altura de eso que brilla.

Sé lo que se sufre por desamor, así que mi meta personal es aportar un valor incondicional mostrando al mundo que el amor existe y que podemos ser capaces de tenerlo, sin olvidar que todo aquello que quieres tiene un precio para obtenerlo. Ese es el motivo por el cual no todo el mundo tiene vidas maravillosas.

En este libro te voy a dar algunas herramientas necesarias para que atraigas aquella relación de pareja que tanto anhelas.

Sí, has leído bien, atraer. *¿Por qué?* Porque no puedes atraer nada en cuya vibración no estés.

Así que espero que, al igual que mis otros libros, este te ayude para que aprendas que nada de lo que aprendimos que era la vida es lo correcto, *la vida es la capacidad que tú tengas de soñar y lo que estás dispuesto hacer para que eso se haga realidad.*

Estamos en una nueva era, por lo que tienes que abrir tu mente a nuevas ideas para no quedarte obsoleto y, cuando hagas eso, te darás cuenta de que la vida es más fácil de lo que tú mismo piensas.

1. Quién es Julieth Pareja Ríos:

Es una persona común como tú que ha tenido un sueño de pequeña que era ser escritora. Han pasado muchos años y ese sueño fue poco a poco desvaneciéndose, aunque siempre había una voz interior que de vez en cuando se lo gritaba poco a poco.

Con el pasar de los años, la vida le fue dando giros y la fue moldeando para poder llevar ese sueño a cabo. Los sueños no se hacen realidad solos, tienes que trabajar para que ellos se cumplan.

Cuando vi la oportunidad ni me lo pensé; no sabía cómo lo iba hacer, pero sabía que no estaba dispuesta a no cumplirlo, porque eso significaba tener una vida de infelicidad.

He tenido que tener mucha fe en mí misma sin importar mi entorno, ni las circunstancias, y gracias a eso este sueño se ha cumplido.

Tengo que decir que, a medida que cumples sueños, tu mente se va abriendo, lo que hace que cada día sueñes más alto.

Mis libros son una guía de encontrarte a ti mismo, aprender a escucharte o de simplemente darte cuenta de que somos maestros capaces de crear milagros.

En mis libros está la esencia de una chica normal que se demostró a sí misma que en la vida no hay imposibles.

Mis libros no son un sueño cumplido, son el principio de una vida diferente a la que hasta ahora he vivido.

De antemano tengo que decirte que si quieres cumplir un sueño, no será fácil, pero no hay nada imposible.

Porque todo empieza y acaba en ti siempre, y cuando creas que puedes, creas que dentro de ti hay magia, te sientas digno y merecedor de todo lo fantástico que tiene el universo, pero sobre todo cuando sabes no conformarte con menos de lo que te mereces, solo entonces encontrarás aquello que ya está disponible para ti.

"Hay una voz que no usa palabras... escúchala".

Rumí.

Desde que era pequeña, tuve la inquietud de que había una manera de que mi vida fuera diferente a lo que tenía, no creía en ese dicho que dice "algunos nacen con estrellas y otros estrellados".

Hoy sé y he podido comprobar que no es así. Venimos a la vida a que nuestra alma evolucione, a aprender y por qué no, a ser una luz para aquellos que no han tenido el suficiente valor de ser diferentes aunque su alma se lo pida a gritos.

Somos energía, y gracias a esa energía podemos trasformar nuestro mundo a la manera que queremos.

En mi caso, no solo he aprendido, sino que ahora puedo ser una luz que alumbre el camino de todo aquel que esté dispuesto a escuchar y aplicar lo que desde mi humilde experiencia sé.

Por lo que deseo de corazón que en este libro encuentres algo que te llegue al corazón y que te ayude en alguna etapa de tu vida.

Aprendamos a ser ese punto de luz que el mundo necesita.

Mi primer libro está creado con un motivo importante: *que abras tu mente a todo aquello que nos han dicho que es imposible.*

De cómo una chica normal con una vida normal ha pasado de ser una camarera a ser una escritora de éxito que ha conseguido grandes logros a través de la **ley de la atracción** y de escuchar esa magia que todos llevamos dentro.

Nada de lo racional y nada de lo que nos han contado es la realidad, y ese es el motivo por el cual hay tanta gente padeciendo.

Escribir estos tres libros no solo ha sido una pelea constante de mi mente (lo lógico y racional), con mi corazón (la magia interior), y al final de este libro entenderás por qué.

Cuando escribía el segundo libro, pasé mucho tiempo enferma mientras escribía y supe que era porque hablo de algo que creo realmente: **"Somos seres creadores".** Lo he podido comprobar por mí misma, lo cual implica que mi vida no ha cambiado por convertirme en escritora, sino también por pensar, hablar y actuar de la manera correcta, aunque eso me lleve a ser aún más diferente del resto del mundo.

Así que una vez más te pido que abras tu mente a lo **Imposible,** porque el mundo es más maravilloso y fácil de lo que mucha gente piensa.

Hace poco me llegaba un mensaje que ya sé, pero que todavía algunas veces me cuesta implementar, y es que *"VINIMOS A SER FELICES Y APRENDER".*

Hay un sinfín de ayudantes celestiales dispuestos ayudarnos si les permitimos que nos ayuden. Ellos no tienen un pensamiento igual que nosotros los seres humanos.

Ellos son solo amor incondicional y, al igual que tú, también se niegan a responder algunas veces, y no es más que porque tu alma tiene algo que aprender.

Siempre que hay algo doloroso en nuestra vida, cuando ya ha pasado el tiempo y mires hacia atrás, te das cuenta de que todo pasó simplemente para ti.

Nos perdemos en el pasado y en el futuro sin disfrutar del presente, sin saborear aquello tan maravilloso que es el disfrutar del día a día de forma consciente.

"Todos somos unos genios, pero si juzgamos a un pez por su habilidad de escalar un árbol, vivirá creyendo que es estúpido".

Albert Einstein.

Antes de entrar en materia, quiero que hagamos un repaso a lo que realmente significa el amor.

Quiero que tengas muy en cuenta que nada va a pasar si no hay amor propio. Nadie te puede amar si tú mismo no te amas, por lo que implica que por muy dolorosa que sea la verdad tienes que ser consciente de que todo aquello que pasa en tu vida no es más que un reflejo de ti mismo, y por consiguiente lo que ves no es más que una consecuencia de lo que realmente tienes dentro.

Para ello podemos empezar contando nuestros dones, agradeciendo y escribiendo quién somos realmente sin ningún miedo.

Si has leído mis otros libros, te darás cuenta de que no hablo en ninguno de ellos sobre el ego; esto tiene una razón en específico.

He estudiado y he leído mucho y sé que todos tenemos ego. Esa es nuestra parte negativa, no podemos vivir sin ego, pero sí podemos aprender a amar esa parte oscura que tenemos, aprender a conocerla, porque esa parte oscura no es más que todas nuestras debilidades y nuestros miedos internos.

Cuando aprendes a conocer esa parte oscura y amarla porque es tuya y también te pertenece, entonces aprendes el verdadero significado de la felicidad.

Así que hagamos un recuento de tus fortalezas y de tus debilidades.

Tenemos que conocer las dos, pero nos vamos a enfocar solo en las fortalezas, aunque tienes que tener muy en cuenta cuáles son tus debilidades, porque algunas de ellas son las que no te permiten avanzar.

Las debilidades hay que trabajarlas constantemente para que no se hagan más grandes.

En el primer libro te puse un ejercicio para que aprendieras a conocerte mejor, preguntándole a la gente que más te aprecia de verdad cómo te ven.

Si son sinceros y te quieren de verdad, te dirán tanto lo positivo como lo negativo, que es realmente lo que queremos, porque tú tienes una percepción de ti y no eres objetivo contigo mismo, porque cada uno tiene su propia verdad. Por eso creo que no se puede juzgar a nadie. Cada quien cree y ve lo que quiere creer y ver.

Pero cuando no te mientes a ti mismo, abres tu mente a la verdad y a las posibilidades de aprender y ser mejor que ti mismo cada día, aprendes a ser tu superhéroe favorito y eso es exactamente lo que queremos conseguir.

Avanzar y tener cada día más crecimiento personal y espiritual es lo que nos llevará al camino de la verdadera felicidad, sin condicionamientos y sin prejuicios.

> "Para conocer tus fortalezas tienes que también conocer tus debilidades".
>
> **Julieth Pareja Ríos.**

Esto es importante, porque para avanzar en la vida te tienes que conocer tú mismo lo bueno y lo malo, lo oscuro y la luz.

Y luego de que ya conozcas todas estas partes de ti mismo, entonces nos vamos a enfocar en las fortalezas, porque a veces parece que solo nos enfocamos en lo que no tenemos, en nuestras debilidades, en nuestros defectos.

Si hacemos recuento de todo ello, te darás cuenta de que hay muchas más cosas buenas que malas y muchos más dones positivos que negativos.

Tus fortalezas son todas aquellas cosas en las que somos buenos, en la que destacamos.

Así que continuando con el ejercicio que está en el primer libro, luego de preguntar a la gente cómo te ve, escribamos una lista con todas esas cosas que tengo que son buenas y con las que tengo que no son tan buenas o que no tengo.

Ahora bien, después de esto acabemos un poco diciéndonos aquello que fue nuestro mayor éxito.

Esto parece una pregunta fácil, pero créeme, cuando le preguntas a alguien en qué eres bueno lo piensa demasiado, pero cuando le preguntas tus debilidades se las sabe de memoria.

Eso es porque solo nos enfocamos en lo malo, y como pretendes ser seguro de ti, avanzar más y más si solo te enfocas en cosas que seguro que te crean inseguridades y no seguridades.

Te voy a confesar algo: tengo un panel visionario hace años, más adelante te hablaré de ello; en él tengo todos y cada uno de mis sueños, pero también tengo un montón de frases positivas para verlas a diario. Potencia tu mente con frases positivas, los millonarios y las personas de éxito tienen un vocabulario muy diferente del resto de las personas y eso es porque ellos conocen lo que tienen que hacer para llegar a conseguir sus sueños.

Yo llevo años trabajando mi mente y aún sigo haciendo cosas que lleven a un nivel superior, no de estar por encima de nadie, pero sí por ser mejor que el día anterior, y créeme, no es nada fácil cambiar cada una de tus creencias limitantes, cambiar tu vocabulario.

Por eso, cuando alguien me dice ya, pero que no es fácil llegar donde tú estás, le miro y le digo ya lo sé, pero eso solo depende de ti cambiar a diario y poco a poco.

Esto creo que lo cuento en mi video de historia personal. Cuando iba a ir a la universidad quería estudiar Dibujo técnico, era mi materia favorita, amaba esta materia.

A la final me dejé influenciar por mi entorno y por lo que decía la gente de que una que tenía más salida era Informática, y sabes que pasó... Que gracias a Dios quedé embarazada y me tocó dejar de estudiar porque iba por el tercer semestre y me estaba volviendo loca. No me gustaba para nada y se me estaba haciendo cuesta arriba.

Nuestra sociedad está acostumbrada a penalizar las debilidades en vez de premiar cada una de las fortalezas que tenemos los seres humanos. Desde lo que estamos estudiando, que en muchos casos no sirve para nada, porque tienes que amar lo que haces, si no vivirás una vida de insatisfacción, y porque si no estudias, eres un fracasado.

Mi madre no pudo terminar de estudiar. Para ella su mayor ilusión era que sus hijos estudiaran en la universidad. Esto es algo de lo que en ocasiones no eres consciente, y cada vez que ella sabía que alguien había estudiado en la universidad nos decía hay qué bonito es eso que alguien sea universitario, hasta que su hija se hizo escritora.

Creo que solo entonces logró entender que muchas veces lo que la sociedad inculca a diario no es más que una pérdida. El mundo está lleno de gente que ha estudiado una carrera y no trabaja de ello, pero también está lleno de gente que ha estudiado carreras por lo que su entorno, padres o familiares, quiere y no por ellos mismos, y allí es cuando consigues médicos, profesores o cualquier otro frustrado y agotado del trabajo que tienen.

Yo puedo pasar horas en el ordenador escribiendo, leyendo sobre los temas de los cuales escribo, escuchando charlas o yendo a eventos y seminarios, y soy la mujer más feliz de este planeta.

Cuando entendí esto le di la posibilidad a mi hijo de que estudiara lo que quisiera, y que si no quería estudiar también tenía esa posibilidad, pero si no lo hacía, tenía que salir a trabajar a ganarse la vida hasta que consiguiera lo que más amara para hacer.

Bueno, y después de todo esto que te he dicho, pero que quería que entendieras la importancia de centrarte en tus debilidades, vayamos a por ello y hagamos magia en nosotros mismos para poder dar nuestro granito de amor y de luz al mundo.

Es decir, ten algo muy presente en la mente: cuando no te enfocas en tus fortalezas y no te sientes bien, estás siendo un poco egotista no solo contigo, sino también con la gente que te rodea. Yo he podido comprobar por mí misma que mi familia ha cambiado en el momento en que yo he cambiado poco a poco, porque me he convertido en inspiración para que ellos también hagan realidad sus sueños.

En mi casa y en mi familia no existe la palabra **IMPOSIBLE**, y mi familia ha cambiado mucho cada una de las creencias que tenían. No me ha hecho falta ni enseñarles nada, solo les ha bastado con ver mi cambio.

He tenido que aprender a quitarme las limitaciones mentales, a darme cuenta que soy un ser creador de milagros por esa magia interior que cada uno lleva dentro, pero sobre todo he aprendido que soy merecedora de lo bello y extraordinario por el solo hecho de existir.

Aprende tú también eso, enfócate en tus fortalezas sean cuales sean, porque estoy segura de que son mucho más que tus debilidades. Ámate y quiérete y vamos a realizar todos esos sueños que tenías cuando nadie te podía limitar a nada.

Haz una lista de tus fortalezas y debilidades, recuerda que te vas a enfocar solo en lo bueno, aunque tienes que identificar tus debilidades.

Fortalezas:

-
-
-
-
-
-
-
-
-

Debilidades:

-
-
-
-
-
-
-
-
-

En el momento en que me sentí perdida y me empecé a buscar, apareció una compañía de alta cosmética de neuromarketing que me ayudó mucho en mi crecimiento personal.

Allí pude conocer a muchas mujeres de éxito que estaban muy cerca de cada una de las personas que estábamos en esa ciudad compañía, y me di cuenta gracias a ellas de que la gente de éxito piensa, siente, y actúa diferente en todos los aspectos que el resto de la gente, y ese es el motivo por el cual tienen éxito.

Adoro esa compañía por sus valores, pero sobre todo porque te impulsan a ser mejor cada día. Ellos te ayudan a creer en ti.

Y fue justo allí cuando me di cuenta de lo poco que se valora la gente. Cuando llegaba alguien nuevo se le preguntaba por sus fortalezas o lo más positivo que tuviera, y casi nadie respondía con algo positivo, casi siempre se describían con lo negativo.

No sabes qué importante es decirte cada cualidad positiva que tengas a diario. Las negativas te las sabes de sobra y, aunque hay que tenerlas presentes, no son tan importantes como las positivas.

Piensa por un segundo, ¿tú crees que la gente de éxito se preocupa por sus debilidades y defectos? Su mayor preocupación es hacer cada día más grandes sus fortalezas, porque eso es lo que lo ha llevado al éxito. Ellos se preocupan cómo pueden mejorarse a sí mismos cada día y esto es lo que marca la diferencia.

Dejas que el miedo y tus limitaciones te controlen y te paralicen, y gracias a eso no estás viendo lo bello que se vislumbra en el horizonte.

Los miedos internos te hacen creer que eres un ser humano limitado. Puedes ser lo que quieras ser, solo tienes que coger las riendas de tu vida, tener el coraje suficiente de decirles a tus miedos que no te paralicen y de salir allá afuera a buscar aquello que realmente anhelas.

En la vida no hay nada definido, crea tu propia personalidad ganadora, esa que te llevará a lo más alto, pero recuerda, siempre desde el amor incondicional hacia ti mismo y hacia el mundo, porque la arrogancia golpea duro.

"Nuestro mayor temor no es el de ser inadecuados.

Nuestro mayor temor es el de ser desmedidamente poderosos.

Lo que nos asusta es nuestra luz, no nuestra oscuridad.

Nos preguntamos ¿quién soy yo para ser fabuloso y brillante?

Pero, de hecho, ¿quiénes somos para no serlo?"

Nelson Mandela.

2. La niña que soñaba con un gran amor

Con catorce años ella ya soñaba con su alma gemela, con ese amor que no conocía, pero que ella sabía que existía. Un día fueron a visitar a unos familiares que vivían a unos cuarenta minutos.

Iba de pie en el bus. No era raro que fuera lleno, porque es lo que siempre sucede en las capitales.

Ya estaba a punto de llegar a su parada, ella estaba metida en su mundo como siempre y, justo cuando ya se iba a bajar, el bus frenó con tanta fuerza que casi se cae, pero a su lado estaba un chico, tal vez de su edad y con rasgos europeos, y sin mediar palabra la cogió del antebrazo y ella se cogió de él también para no caer, lo que hizo que le mirara directo a los ojos y justo en ese momento algo extraño pasó.

*Una conexión inexplicable pasó por todo su cuerpo y un pensamiento se apoderó de ella: **"Es el amor de mi vida"** se bajó del bus pensando en esa extraña sensación y con esa idea que daba vueltas en su cabeza.*

Se durmió pensando en lo sucedido y pensó que tal vez todo era una señal, su ángel avisándole de algo, mostrándole un futuro, diciéndole sí hay un amor para ti, sí existe tu alma gemela.

De pronto se despertó de un salto cuando sintió un susurro al oído que le decía "le reconocerás porque ya estás enamorada de él".

No entendía nada, tal vez no había nada más que entender, solo saber que le encontraría en el momento que estuviera preparada.

No tenemos ni la más mínima idea de nada. Aquello que nuestra mente marca como real no lo es.

Hay un mundo cuántico, ángeles, guías espirituales que están allí ayudándote y dándote mensajes para que puedas seguir tu camino, ese que te llevará a tu propósito real, lo que has venido a hacer.

No te pido que me creas lo que aquí cuento, es parte de mi vida y es lo que ha hecho mi vida diferente.

Todo es parte de un plan divino que tal vez no puedas entender, porque se meten las ideas racionales, pero te digo que la vida no es nada de lo que nos han contado y aprendimos; la vida es la capacidad que tengas de soñar, porque eso es parte de tu interior mágico que te grita para que aprendas y avances y llegues al camino correcto. Que es hacer lo que tu alma ha pactado antes de venir.

Cuando tienes un sueño es porque ese sueño ya está aquí en el mundo disponible para ti. Tú simplemente dedícate a soñar y no cambies de sueño veas lo que veas.

El sueño del gusano loco

Un pequeño gusanito caminaba un día en dirección al sol. Muy cerca del camino se encontraba un saltamontes:

—¿Hacia dónde te diriges? —le preguntó.

Sin dejar de caminar, la oruga contestó:

—Tuve un sueño anoche; soñé que desde la punta de la gran montaña yo miraba todo el valle. Me gustó lo que vi en mi sueño y he decidido realizarlo.

Sorprendido, el saltamontes dijo, mientras su amigo se alejaba:

—¡Debes estar loco!, ¿cómo podrías llegar hasta aquel lugar?, ¡tú, una simple oruga! Una piedra será para ti una montaña, un pequeño charco un mar y cualquier tronco una barrera infranqueable.

Pero el gusanito ya estaba lejos y no lo escuchó. Sus diminutos pies no dejaron de moverse.

La oruga continuó su camino, habiendo avanzado ya unos cuantos centímetros.

Del mismo modo, la araña, el topo, la rana y la flor aconsejaron a nuestro amigo a desistir de su sueño.

—¡No lo lograrás jamás, gusano loco! —le dijeron, pero en su interior había un impulso que lo obligaba a seguir.

Ya agotado, sin fuerzas y a punto de morir, decidió parar a descansar y construir con su último esfuerzo un lugar donde pernoctar, un lugar para protegerse, pero ya era tarde:

—Estaré mejor aquí —fue lo último que dijo, y murió... El "gusano loco" no pudo cumplir su sueño...

Durante los siguientes días todos los animales del valle fueron a mirar sus restos. Ahí estaba el animal más loco del bosque.

En su última noche, había construido un refugio que se convirtió en su tumba. Era un monumento a la insensatez. Ahí estaba un duro refugio, digno de uno que murió "por querer realizar un sueño irrealizable".

Una mañana en la que el sol brillaba de una manera especial, todos los animales se congregaron en torno a aquello que se había convertido en una ADVERTENCIA PARA LOS ATREVIDOS, la tumba del "gusano loco". De pronto, quedaron atónitos.

Aquella concha dura comenzó a quebrarse y con asombro vieron unos ojos y una antena que no podía ser la de la oruga que creían muerta.

Poco a poco, como para darles tiempo de reponerse del impacto, fueron saliendo las hermosas alas arco iris de aquel impresionante ser que tenían frente a ellos: UNA MARIPOSA.

No hubo nada que decir, todos sabían lo que haría: se iría volando hasta la gran montaña y realizaría *un sueño; el sueño por el que había vivido, por el que había muerto y por el que había vuelto a vivir.*

3. La felicidad

Concepto de Felicidad: Aunque la felicidad es subjetiva y relativa porque depende de cada persona en específico, te quiero dar un pequeño concepto que te ayude a encontrarla.

"La felicidad es un estado de ánimo de una persona que se siente plenamente satisfecha".

Cuando la felicidad está sujeta a cualquier cosa externa, sea dinero, familia, amigos, hijos, amor, parejas, etc., en el momento que pierdes eso se crea infelicidad y esa es la razón por la cual hay mucha gente que es completamente infeliz.

Todas estas cosas ayudan a que tu felicidad sea aún mayor, pero no puedes permitir que tu felicidad dependa de ellas.

Disfruta de cada una de esas cosas, pero que no sean tus motivos de felicidad, porque en el momento en que no lo tengas crecerá tu infelicidad.

"La alegría es la piedra filosofal que todo lo convierte en oro".

Benjamin Franklin.

La felicidad es tu destino

Hay tres cosas con las que la mayoría de la gente piensa que sería completamente feliz y son: el dinero, la salud y el amor, pero todos conocemos personas que tienen estas tres cosas y aun así no son felices.

Un ejemplo son muchos artistas que aun teniendo fama, dinero y familia no son felices, como es el caso de Robin Williams y muchos otros.

Pero te dejo aquí un enlace de alguien que me parece grande en muchos aspectos y humilde para hablar de su face en el momento en que se sintió perdido. Espero que te guste y te ayude.

https://www.youtube.com/watch?v=IYHpDXLABDY

Hace unos cuantos años trabajé con un señor mayor al que le faltaban las dos piernas; las perdió en un accidente laboral siendo joven.

Creo que todo lo que he vivido ha llegado a mí para aprender de ello, y este señor era un gran aprendizaje.

No había un día en que no sonriera. Era muy feliz y muy independiente y cariñoso. Yo solo le hacía la comida, porque la cocina en su casa estaba en el piso de abajo y él no podía bajar, porque la casa no estaba habilitada para la silla de ruedas.

Creo que gracias a él me di cuenta de que se podía ser feliz aun teniendo una limitación, y me hizo ver lo bendecida que era por el hecho de tener todas las partes de mi cuerpo.

Pero también por el hecho de estar viva, cosa que él me enseñó. Por eso, cada mañana al despertar doy gracias por un día más de vida, y porque mi padre se acostó una noche y no despertó más.

Estos dos ejemplos son muy buenos para darte cuenta de que aun teniendo todo y no teniendo piernas se puede ser infeliz o feliz; la felicidad es una decisión tuya y de nadie más.

Pero si quieres conocer algo más cercano tienes mi historia. En ese momento en que me sentía perdida estaba bien económicamente y sentimentalmente, y de salud siempre he estado bien y, aun así, sentía que algo me faltaba. Me compraba cosas que deseaba y me daban felicidad momentánea y, aun así, seguía faltándome algo.

Lloraba por las noches y algunas veces pensaba que igual era porque no tenía una pareja, pero la realidad era que simplemente me sentía vacía por dentro, y no fue hasta que me encontré que empecé a sentirme satisfecha conmigo misma. Y en ese preciso instante, mi vida cambió por completo.

Es algo difícil de explicar, pero que empezó a pasar cuando me empecé a sentir plena. Para mí antes salir a caminar era un simple acto.

Ahora, cuando salgo a caminar, veo lo maravilloso del paisaje, las flores, los pájaros, las mariposas. Es como si los colores del exterior brillaran más, como si los pájaros me cantaran a mí, como si las mariposas me saludaran.

Yo lo comparo como cuando estás enamorado que ves todo con los ojos del amor, y es que creo que en realidad la felicidad es la esencia pura del amor, el amor hacia ti mismo y el amor hacia el mundo, y eso hace que las cosas que vienen a ti sean lo mismo que sientes y lo mismo que das.

Créeme cuando te digo que no necesitas nada externo para ser feliz, pero también te digo que cuando te sientes así la vida te da más de lo mismo, por lo que la vida te retribuye aquello que das.

En todos los libros espirituales que he leído y los mensajes que me han llegado dicen que lo único que necesitamos es ser felices, y el resto se nos dará por añadidura.

Y créeme cuando te digo que todo esto es cierto. Aprende a ser feliz y lo que vendrá es aún más maravilloso de lo que tú mismo puedes imaginar. Sé consciente de que el ser feliz no será la ausencia de los problemas, pero sí será que los veas de una manera distinta, tanto que, aunque sean grandes, los verás pequeños.

El Dr. Joseph Murphy en el libro *El poder de tu mente subconsciente* dice:

"*No hay impedimento para la felicidad excepto en tus propios pensamientos e imágenes mentales.*

El hombre más feliz es aquel que produce y practica constantemente lo mejor que hay en él. La felicidad y la virtud se complementan".

El pescador y las piedras.

Jorgue Bucay.

Un pescador va todas las noches hasta la playa para tirar su red; sabe que cuando el sol sale, los peces vienen a la playa a comer almejas, por eso siempre coloca su red antes de que amanezca.

Tiene una casita en la playa y baja muy de noche con la red al hombro. Con los pies descalzos y la red medio desplegada entra en el agua.

Esta noche de la cual habla el cuento, cuando está entrando, siente que su pie golpea contra algo muy duro en el fondo.

Toquetea y ve que es algo duro, como unas piedras envueltas en una bolsa.

Se enfada y piensa 'quién es el tarado que tira estas cosas en la playa'. Y se corrige 'en mi playa'.

'Y encima yo soy tan distraído que cada vez que entre me las voy a llevar por delante...' Así que deja de tender la red, se agacha, coge la bolsa y la saca del agua.

Está todo muy oscuro, y quizás por eso, cuando vuelve, otra vez se lleva por delante la bolsa con las piedras, ahora en la playa.

Y piensa 'soy un tonto'.

Así que saca su cuchillo, abre la bolsa y tantea. Hay unas cuantas piedras del tamaño de pequeños pomelos pesados y redondeados.

El pescador vuelve a pensar 'quién será el idiota que embolsa piedras para tirarlas al agua'.

Instintivamente toma una, la sopesa en sus manos y la arroja al mar.

Unos segundos después siente el ruido de la piedra que se hunde a lo lejos. ¡Plup!

Entonces mete la mano otra vez y tira otra piedra. Nuevamente escucha ¡Plup! Y tira para el otro lado ¡Plaf! Y luego lanza dos a la vez y siente ¡plup-plup! Y trata de tirarlas más lejos y de espaldas y con toda su fuerza ¡Plup-plaf!

Y se entretiene, escuchando los diferentes sonidos, calculando el tiempo y probando de a dos, de a una, a ojos cerrados, de a tres... tira y tira las piedras al mar.

Hasta que el sol empieza a salir....

El pescador palpa y toca una sola piedra adentro de la bolsa.

Entonces se prepara para tirarla más lejos que las demás, porque es la última y porque el sol ya sale.

Y cuando estira el brazo hacia atrás para darle fuerza al lanzamiento, el sol empieza a alumbrar y él ve que en la piedra hay un brillo dorado y metálico que le llama la atención.

El pescador detiene el impulso para arrojarla y la mira. La piedra refleja el sol entre el moho que la recubre.

El hombre la frota como si fuera una manzana, contra su ropa, y la piedra empieza a brillar más todavía.

Asombrado la toca y se da cuenta de que es metálica. Entonces empieza a frotarla y a limpiarla con arena y con su camisa, y se da cuenta de que la piedra es de oro puro. Una piedra de oro macizo del tamaño de un pomelo.

Y su alegría se borra cuando piensa que esta piedra es seguramente igual a las otras que tiró.

Y piensa 'qué tonto he sido'.

Tuvo entre sus manos una bolsa llena de piedras de oro y las fue tirando, fascinado por el sonido estúpido de las piedras al entrar al agua.

Y empieza a lamentarse y a llorar y a dolerse por las piedras perdidas y piensa que es un desgraciado, que es un pobre tipo, que es un tarado, un idiota...

Y empieza a pensar si entrara y se consiguiera un traje de buzo y si fuera por abajo del mar, si fuera de día, si trajera un equipo de buzos para buscarlas, y llora más todavía mientras se lamenta a los gritos...

El sol termina de salir.

Y él se da cuenta de que todavía tiene la piedra, se da cuenta de que el sol podría haber tardado un segundo más o él podría haber tirado la piedra más rápido, de que podría no haberse enterado nunca del tesoro que tiene entre sus manos.

Se da cuenta finalmente de que tiene un tesoro, y de que este tesoro es en sí mismo una fortuna enorme para un pescador como él.

Y se da cuenta de que la suerte que significa poder tener el tesoro que todavía tiene.

Creo que esto nos pasa a diario, estamos tan preocupados por lo que no tenemos que no nos damos cuenta de todo lo valioso que tenemos y que realmente podemos ser felices con eso.

4. Energía Masculina y Femenina

Es importante tener en cuenta que estamos hechos de energía, pero también es importante que sepas que cada uno de nosotros estamos hechos de estas dos energías, independientemente si eres hombre o mujer y hay que mantenerlas equilibradas para un mejor equilibrio espiritual y físico.

Gran parte de lo que te voy a contar de estas dos energías es información de mi amiga **Andrea Riquelme Bellido**, escritora de *Feng Shui para Loquillos* y *La Casa Nube,* por lo que te lo voy a explicar de la misma manera que ella me lo ha explicado, pero también muy sencillo para que lo puedas entender.

Primero, te voy a explicar qué significa el *Ying* y el *Yang,* y a partir de allí lo que son las energías femeninas y masculinas.

Cuando le dije a mi amiga Andrea que me explicara qué es el ying y el yang, me dijo esto:

El Ying y el Yang son dos polaridades de lo mismo, dos energías, ying significa literalmente la ladera sombría de una montaña y yang la ladera iluminada.

Lo que descubrieron los chinos es que dentro de una montaña aparece esta dualidad y descubrieron que ambas partes son exactamente iguales, se expresan en el mundo en la misma proporción y tienen que coincidir en equilibrio. Nada es completamente ying y nada es completamente yang, por eso dentro del ying y el yang hay unos puntitos.

El punto blanco dentro de lo negro es el yang dentro del ying y el punto negro dentro de lo blanco es ying dentro del yang.

El yang representa la energía masculina*, la fuerza, el poder, la autoridad, el gobernar, la toma de decisiones racionales, lo mental, la destreza física, etc. El yang significa seco, luminoso, alto, energético, movimiento, luz, caluroso, verano, etc.*

El ying es la energía femenina*, es energía receptiva, la energía que se encarga del mundo interior, de los sentimientos, de las emociones; ella acopia, atesora, es una energía más suave, más dulce, es una energía más oscura, es el polo más tranquilo, más quieto.*

Si estos lo llevamos a las relaciones, hay algo que es muy importante hoy en día, porque el mundo está cambiando, lo que ha llevado a una transformación muy grande que hace que haya más mujeres como tú y como yo que somos más ying por naturaleza, porque somos emocionales porque somos mujeres, tenemos nuestros ciclos, nuestras cosas, altibajos emocionales, todo, pero somos yang porque somos emprendedoras, somos arriesgadas, tomamos nuestras propias decisiones, no necesitamos un hombre que nos mantenga, puras cualidades que son de hombres.

Si esto lo llevamos a relaciones de pareja, crea un grande conflicto, porque los hombres tienen que aprender que esa imagen de que la mujer es la típica ama de casa ya casi no se ve.

El hombre tiene que integrar la energía ying de la misma manera que nosotras integramos la energía yang.

Por qué hablo de esto, porque tanto chicos como chicas tenemos que aprender a conectar con estas dos energías y mantenerlas en equilibrio para una mejor comprensión.

Esto es indiferente si eres hombre o si eres mujer, las energías están allí y es importante llegarlas a equilibrar y entender si tu pareja está en desequilibrio.

Te lo voy a explicar mejor:

Energía femenina:
- Es el mundo interior (la intuición)
- Es receptiva.
- Son los sentimientos, emociones.
- Es la tranquilidad.
- La fuente de inspiración.
- Pasión.
- Es energía que comprende.

Energía masculina:
- Es la fuerza.
- El poder.
- La autoridad.
- Toma de decisiones racionales.
- Lo mental.
- La acción.
- Todo lo exterior.

Cuando trabajamos solo con energía femenina solemos ser débiles, todo se nos viene grande, eres súper sensible, te preocupas más por los demás que por ti mismo, me pierdo en mis propias emociones y se suele ser muy depresivo. Eso hace que pienses que no puedes y no eres capaz de enfrentar situaciones diferentes.

Cuando trabajas solo con la energía masculina hay mucho enfoque en las metas, en el mundo exterior de conseguir objetivos, pero sin parar, te alejas de tu verdadero yo, de tu centro que lo da la energía femenina. Busco fuera cosas que me hagan feliz y al final no soy feliz, el ego se apodera de ti, eres impaciente, no puedes soltar el control, piensa mucho y se preocupa mucho. Esta energía te lleva a que no confíes en nadie y que todo lo tienes que hacer solo porque nadie es incapaz de hacer las cosas como tú.

Cuando trabajamos con estas energías equilibradas sabemos que en cada situación hay cosas que aprender para luego seguir adelante.

Nada blanco puede existir sin lo negro, nada negro puede existir sin lo blanco.

El Ying y El Yang

5. La fe mueve montañas

Creo que tenía más o menos unos doce años cuando mi madre compró unos libros sobre metafísica. A mí siempre me ha gustado leer, por lo que los leí todos y no solo eso, sino que empecé a practicar lo que allí en esos libros se decía.

Como he dicho siempre en mis libros, yo hago lo que dice en ellos porque si a alguien le ha funcionado a mí también.

Hay gente que me ha dicho cuando ha visto el título de mi primer libro que esa fe de Dios es buena, o yo no creo en eso.

Solo sonrío porque me doy cuenta de que tal vez está un poco perdido. No es que esté mal, simplemente que está un poco más alejado de un sueño.

La Fe no es más que creer que eso que ahora en tu vida no ves, más adelante lo puedas ver o tener, y mientras tengas eso en la vida puedes llegar lejos, porque la fe es esa llama que está dentro de ti que crea milagros.

En este libro voy hablar de ese poder que tenemos dentro y que no sabemos aprovechar a nuestro favor, porque de igual manera está funcionando, lo que pasa es que funciona en una dirección incorrecta.

¿Si supieras que esa llama que crea milagros funciona sí o sí qué harías?

¿Y si te dijera que puedes utilizarlo para trabajar en ti y que tu vida vaya mejor lo harías?

Desde que conozco los principios universales los utilizo de la manera más humilde posible y a mi favor para tener una vida mejor, incluyendo las relaciones, porque estas están hechas para ti.

Todo se crea de adentro hacia fuera, así que para crear algo fuera tienes que empezar por ti, de dentro de ti.

Y no hay nada que se consiga sin que tú cambies, ¡¡¡¡nada!!!!

Este libro se titula **La Felicidad es tu destino** porque para tú poder crear una mejor vida tienes que ser feliz, feliz contigo, con el mundo que te rodea, con la gente, con Dios o aquello en lo que tú creas.

No importa nada de lo que quieras en la vida si para llegar a ello estás amargado y tienes rencor en tu corazón, si no eres feliz, nada de lo que puedas hacer te llenara.

Ahora te quiero hacer una pregunta importante ¿qué es la fe para ti?

Para mí la fe es aquello que no permite que tus sueños se desvanezcan, la fe es esa llama que te da calor y no te deja tirar la toalla.

Toda persona que haya conseguido algún éxito en la vida es una persona de fe, de fe en aquello que cree que puede conseguir, de fe de él mismo que, aunque vea todo muy oscuro, sabe que en el fondo hay luz.

El problema es que la gente piensa que la fe está sujeta a una creencia religiosa. **Tony Robbins** dice en su libro **Poder sin límites** que la mayoría de las personas piensan que la fe es un concepto inamovible y que no tiene nada que ver con la acción, cuando en la realidad la Fe es lo que hace la excelencia, porque ella es la que te hace tomar acción hacia ese camino que quieres.

La fe es lo que te hace tomar acción y caminar por un camino que casi nadie quiere transitar para que tus sueños se hagan realidad.

Leo metafísica desde que tenía doce o trece años porque mi madre compraba esos libros, por lo que siempre he tenido una visión del mundo muy diferente a la que ha tenido cualquier persona, y eso me ha llevado a que mi vida sea distinta y también muy solitaria, porque he pensado diferente al resto del mundo.

Todo esto me ha hecho creer que una parte de nosotros tiene magia, y tener fe en esto me ha llevado a comprobar por mí misma que es así.

A lo largo de mi vida y ya después de empezar mi búsqueda, me he dado cuenta de que los pensamientos que tenemos se materializan, ya sean buenos o malos, que la palabra tiene poder y que todo aquello que pensamos lo atraemos a nuestras vidas.

Cuando me he dado cuenta de que esto era así, empecé a trabajar mi mente para que esos pensamientos funcionaran a mi favor, y no, no puedes manejar el mundo a tu manera, porque hay libre albedrío, lo que quiere decir que no puedes manejar la vida, ni el mundo de nadie aunque sea por su bien, pero sí puedes hacer que cada día tu mundo sea mejor.

Y mientras más rápido aceptes esto, más rápido ira tu vida hacia un mejor camino. Acepta que tú tienes un poder inmenso que puedes utilizar para que tu alma evolucione y para vivir mejor, es mentira que nacimos para sufrir, nacimos para aprender y para crecer, pero podemos vivir de la manera que queramos si nos proponemos a ello.

Da igual si a tu mente le parece irracional aquello con lo que sueñas, no lo descartes por eso, descártalo porque ya has hecho todo y no puedes hacer más, entonces, solo entonces, sabrás si aquello que anhelas es para ti o no, porque las posibilidades se abrirán ante tus ojos.

6. ¿Qué amor crees que te mereces?

La vida es un eco, es decir, aquello que das recibes, y si esa persona que tanto amas no te lo está dando, tengo dos noticias para ti: la primera tal vez no te guste tanto, y es que lo más probable es que tu destino no esté al lado de esa persona.

La segunda es que todo ese amor que le has dado hasta ahora y que le has dado a más personas se te será recompensado, por lo que tienes que estar tranquilo, te llegará cuando te enfoques en el amor que tú tienes para dar, siempre y cuando lo des desde el corazón y con la humildad que debes.

Así que empecemos por ver qué es lo que estamos dándole al mundo para que el mundo nos dé aquello que merecemos.

Así que es importante que todo lo que les hacemos

a los demás, inconscientemente no los hacemos a nosotros mismos, así que hay que ir con cuidado con aquello que damos y con lo que estamos dispuestos a ofrecer; amamos con egoísmo, por conveniencia o simplemente por satisfacer solo nuestras necesidades.

Dale una vuelta a esa búsqueda de esa persona especial y empieza a ser tú esa persona especial que alguien quiere, y como cuestión de imanes chocarán de tal manera que no te darías cuenta de en qué momento ha sido, y te puedo asegurar que será aún más maravilloso de aquello que hasta tú mismo imaginas.

Por eso es muy importante darnos cuenta de los principios que rigen el universo, de ser conscientes de que todo lo que en tu vida pasa es porque tiene una razón de ser, pero también tenemos que empatizar con la otra persona para saber que al igual que yo no me parezco a nadie y tengo defectos, esa otra persona también los tiene.

Tenemos que aceptar al otro tal cual es y no intentarlo cambiar, así como nosotros le exigimos que no nos cambie.

El amor de pareja es un equipo en el cual se trabaja juntos, lo cual los dos tienen que dar por igual y no más que el otro.

Por eso es muy importante aprender a conocernos a nosotros mismos y aprender a conocer a nuestras parejas para hacer que esa relación de pareja sea fantástica.

Cuando aprendes a conocerte a ti mismo, es cuando te das tiempo de estar solo. El tiempo en sí es relativo, porque eso depende solo de lo que tú necesites conocerte.

Ahora bien, sé claro y muy sincero contigo, dite de verdad lo que quieres, con qué estás dispuesto a conformarte y cuánto estás dispuesto a cambiar, no porque te preocupe alguien, porque creo que he dejado claro que lo más importante es que tú cambies porque tú eres lo más importante.

La sociedad nos marca un tiempo en el cual no tienes que estar más solo, te dice que si te aprendes amar y a valorar eres egoísta porque solo piensas en ti, te dice la edad en la cual más o menos tienes que tener hijos, etc.

Sustituye la palabra egoísta por amor propio, o mejor dicho, aprende a identificar una de la otra.

Cuántas veces no te has dicho a ti mismo, "tal vez no sea una buena madre, pero he hecho lo mejor que he podido"

NO, la palabra tiene poder, en dónde está el manual de ser padres perfectos, *¿acaso existe?* sé sincero y Justo contigo, lo has hecho muy bien porque los niños no vienen con manual de instrucciones, ni la vida, ni el amor, que tal vez lo has podido hacer mejor, puede, pero resulta que solo se aprende de los errores.

Pero de lo que sí estoy segura es de que lo has hecho con todo el amor del mundo para que tu hijo sea aún mejor que tú.

Entonces por qué nos denigramos diciendo que tal vez no sea bueno en esto o en aquello, por qué piensas que tal vez todo lo malo que pase es porque te lo mereces; aprende que tal vez eso tenía un aprendizaje para ti y que cuando lo veas pasarás al siguiente nivel, y que lo que vendrá será aún mejor.

Aprendamos el valor de la palabra y lo importante que es para que nuestra vida sea cada día mejor.

7. La ley del espejo

Es importante que aprendas a no mentirte a ti mismo, lo digo siempre y está escrito en mis libros, puedes mentirle a quien quieras, pero jamás a ti mismo, porque si haces eso nunca serás el que controle su vida, sino que tu vida te controlará a ti.

Ahora bien, hay una ley que dice que aquello que haces a los demás o que te molesta de los demás es algo que realmente está en ti o a nivel inconsciente te molesta de ti.

Darnos cuenta de esto nos ayuda a ser mucho más empáticos con el resto de la gente y a entender mejor a cada persona.

Esta ley se llama la ley del espejo y ella dice como es fuera es dentro, es decir, todo lo que está fuera en tu mundo exterior es un reflejo de lo que tú eres por dentro en tu mundo interior, y cuando aprendes esto y lo utilizas para ser más feliz, tu vida cambia.

Esto lo he experimentado en mi vida, en el momento en que empecé a cambiar mi manera de ver las cosas, de pensar, de actuar, mi vida se fue trasformando, y con ella la de las personas de mi alrededor.

Somos las consecuencias de cada uno de nuestros actos, y de las decisiones que tomamos que nos llevan a tomar caminos que crean una vida, ya sea de insatisfacción o felicidad y plenitud.

No lo veas como algo malo, normalmente cuando te dicen esto tú piensas que lo estás haciendo todo mal, pero si le das un enfoque diferente y empiezas a ver la vida como un aprendizaje y lo empiezas a ver como que eso que no te gusta, es solo información para que aprendas a mejorar algo que está dentro de ti.

La ley del espejo se basa en cuatro puntos que te harán entender más sobre ella.

- **La similitud:** Es cuando el espejo te pone a otra persona que hace algo que resuena en ti, es decir, aquello que te resuena es porque tú eres igual. Eso es tu sombra y es exactamente lo que debes sanar, es la manera de proyección de tus miedos para que los puedas entender.

No te preocupes ni te agobies porque tienes eso que ves en la otra persona que no te gusta, esto se te refleja solo para que evoluciones esa parte, medita sobre ello y aprende a sanar tu oscuridad.

Te lo voy a explicar de una manera muy fácil con algo que me ha pasado muy seguido escribiendo este libro.

Me he encontrado con situaciones que me hacían explotar de una manera muy alterada, de alguna manera se alteraban por algo y me lo decían alterados.

A la tercera vez pensé y reflexioné sobre eso y me di cuenta de que el universo, Dios, la energía, como le llames, me lo estaba poniendo porque tenía que aprender a controlarme y a sanar esa parte mía que es que me hicieran daño.

Por ese motivo reaccionaba de la misma manera alterada, esta es la única manera que tiene el universo para que aprendas a crecer como persona y a tener ese crecimiento emocional y espiritual.

- *El lado opuesto:* Es cuando el espejo te muestra aquello que es todo lo distinto a ti, este espejo se te muestra para que te equilibres y estés en el centro de tus emociones.

Te lo voy a explicar mucho más fácil: a mi constantemente se me presentan personas que no hacen más que ser súper divertidas, risueñas, que no controlan nada su vida, que son súper desordenados, etc.

Y esto me pasa porque yo soy muy perfeccionista, a tal punto de que a veces se me olvida divertirme un poco y olvidarme de que la vida también es disfrute, es diversión y no hay que llevar al máximo el orden y la perfección.

Cuando murió mi padre me di cuenta de que la vida no es más que un soplo que hay que saber llevar, es como bailar al son de la música, pero también disfrutando, así que dejé de lado tanta perfección, pero aun así, a veces lo olvido, por lo que el universo me envía personas que me inviten a disfrutar más de la vida como niños.

Mis verdaderos amigos son totalmente diferentes a mí en este aspecto y, aunque a veces lo paso mal porque me sacan de mi zona de confort, su diversión me invita a sacar esa parte que está dentro de mí que es así.

- **Mismo comportamiento con otros, o lo que haces a terceras personas:** Este espejo te muestra que aquel comportamiento que tiene alguna persona con otros de una manera que no te gusta es porque lo más probable es que en ocasiones tú te has comportado así con otras personas y no has sido consciente de ello.

Este espejo puede ser muy doloroso, porque él muestra una visión de algo que no nos gusta para nada, pero que tal vez se lo hacemos a terceras personas.

Como te dije anteriormente, la tarea de esto no es juzgarte a ti mismo por lo que estás haciendo mal, sino tomar conciencia de ello siendo autocrítico contigo y sabiendo que solo esto está en tu vida para que puedas cambiar y sanar esa parte que no te gusta en otros.

- *Idealización:* Este espejo nos muestra aquello en lo que creamos expectativas cuando no aceptamos las cosas o a las personas tal y como son, porque queremos que sean como nosotros pensamos.

Nos molesta algo o una persona cuando la idealizamos, porque no lo aceptamos tal y como son en realidad, sino como nosotros queremos que sea, y esto nos causa mucho sufrimiento.

Este espejo se ve en casos como con las parejas e hijos, aquí las expectativas son altas y si no pasa como nosotros queremos, nos molestamos, y no tiene nada que ver con la otra persona, es cuestión de cómo nosotros no vemos la realidad o intentamos cambiar a esas personas.

En este espejo el aprendizaje es aprender a dejar de controlar las situaciones o personas, aceptar la realidad tal y como es y asumir que no podemos tener el control de cada situación o persona.

La ley del espejo está para ayudarnos a trasformar nuestra vida y a crecer como personas para cada día ser mejor de lo que éramos ayer.

Aprendemos amar no cuando encontramos a la persona perfecta, sino cuando llegamos a ver de manera perfecta a una persona imperfecta.

Sam Keen.

8. En qué parte de la pareja te enfocas

La cuestión no radica en no tener problemas con tu pareja, ya que eso no es inevitable, sino en la que encierra el conflicto y que te quedes en él.

Te voy a dar un ejemplo práctico que puedes aplicar para cualquier caso de relaciones o situaciones en la vida.

Imagina que tu llave de agua está mala y no la puedes cerrar por completo, que hagas lo que hagas cae una gota, así que dejas un vaso y la gota poco a poco va cayendo en el vaso hasta llenarlo.

Para vaciar el vaso solo tienes que tirar el agua que está dentro, ¿verdad?

Pues bueno, eso mismo pasa con las emociones, cada emoción negativa y positiva te va llenando poco a poco y tú decides cuándo vaciar el vaso o si dejar que se acumule y rebose.

Pero si decides vaciar cada vez que caiga una gota, es decir, una emoción negativa y decides dejarla y fluir y no dejar que vaya llenando poco a poco tu vaso que es tu interior, ella no se quedará y solo te quedarás con las positivas.

Esto es realmente lo que hace la gente cuando termina una relación y se queda con lo positivo de ella independientemente de lo negativo que haya pasado.

Independientemente de que la relación haya sido la más dolorosa, también tiene un aprendizaje que tal vez no estás viendo, pero es lo que hará que la vida sea aún mejor.

La idea es verla desde afuera y aprender de lo que te quiere enseñar.

Para ello te voy hablar de los cuatro jinetes de Gottman que según él son los que predicen la separación de la pareja.

Así como la oscuridad es ausencia de la luz, tienes que saber que las emociones que se presenten si ya no son buenas, serán malas, lo que llevará a soltar cada uno de tus mecanismos de defensa.

1. Actitud de defensa: Tal y como su nombre lo indica, es cuando tomas una actitud a la defensiva porque percibes un ataque de la otra persona, lo que hace que niegues la responsabilidad propia del problema.

Esta actitud te niega la posibilidad de aprender la situación o conflicto y la solución del mismo, es decir, estarías a la defensiva, lo que no te ayuda a buscar una solución y tener una mejor comunicación por sentirte atacado, lo que te lleva a ser irrespetuoso con el otro para defenderte porque el otro empezó una batalla.

2. **Indiferencia:** En esta se obtiene una actitud de ignorar y distanciarte del otro y de la discusión como si no fuese contigo el problema, lo que conlleva a estar alejado de una comunicación y solución del problema.

En esta actitud también evades tu parte de responsabilidad del conflicto, las actitudes que tienes son de silencio, expresión corporal pasiva, inexpresividad y contestaciones muy cortantes.

Te posicionas por encima tanto del problema como de la pareja como si no te importaran ni el otro ni la situación.

3. **Crítica destructiva:** Esta actitud es cuando se convierte todo en un juicio hacia la otra persona y no hacia sus actos, en ella se descalifica y ataca constantemente al otro sin ningún respeto por su persona.

Se suelen utilizar términos de "si actúas así, eres así" lo que hace que sea muy destructivo el juicio emocional de acusación y condena con la otra persona.

4. **Desprecio:** En esta ya no se tiene nada de respecto por el otro, esta se expresa con gestos, palabras, insultos, amenazas, burlas y humillaciones que implican una actitud de superioridad por parte del que tiene la actitud.

Esta actitud hace que la otra persona se sienta inferior y anulada porque es como si la otra persona pasase por encima de ella y la pisoteara.

Estas cuatro aptitudes son las que envenenan una pareja y hacen que se pierda todo indicio de comunicación que lleve a que acabe para siempre la relación.

He visto muy de cerca a estos cuatro jinetes y, de hecho, estudiar estas características para implementarlas aquí me hizo sacar algún recuerdo viejo que pensaba que no existía ya.

Lo que quiere decir que ha sido como una terapia de liberación, por lo que espero de corazón que si estás en algunas de estas aptitudes, las liberes para que puedas ir por el camino de la felicidad.

Aprende a gestionar las emociones para no quedarte en ellas, concéntrate en solo en lo bueno que tiene tu pareja, porque así atraerás más de eso, y libérate de todas aquellas cosas negativas, déjalas fluir y serás libre.

Disfruta del amor, de tu relación y de todo lo maravilloso que tienes en la vida.

Para terminar, te quiero hacer una reflexión como he hecho en mis libros anteriores, con un cuento, en este caso un cuento de Jorge Bucay.

La mirada del amor.

El rey estaba enamorado de Sabrina, una mujer de baja condición a la que el rey había hecho su última esposa.

Una tarde, mientras el rey estaba de cacería, llegó un mensajero para avisar de que la madre de Sabrina estaba enferma.

Pese a que existía la prohibición de usar el carruaje personal del rey (falta que era pagada con la cabeza), Sabrina subió al carruaje y corrió junto a su madre.

A su regreso, el rey fue informado de la situación.

—¿No es maravillosa? —dijo—. Esto es verdaderamente amor filial. ¡¡No le importó su vida para cuidar a su madre!! ¡Es maravillosa!

Cierto día, mientras Sabrina estaba sentada en el jardín del palacio comiendo fruta, llegó el rey. La reina lo saludó y luego le dio un mordisco al último durazno que quedaba en la canasta.

—¡Parecen ricos! —dijo el rey.

—Lo son —dijo la princesa y alargando la mano le cedió a su amado el último durazno.

—¡Cuánto me ama! —comentó después el rey. Renunció a su propio placer, para darme el último durazno de la canasta. ¿No es fantástica?

Pasaron algunos años y vaya a saber por qué, el amor y la pasión desaparecieron del corazón del rey.

Sentado con su amigo más confidente, le decía:

—Nunca se portó como una reina... ¿acaso no desafió mi investidura usando mi carruaje?

Es más, recuerdo que un día me dio a comer una fruta mordida.

No es la persona con la que estás la que ha cambiado, es tu percepción con respecto a ella y esto pasa simplemente porque te estas enfocando en una situación distinta de la persona que al principio de la relación.

¿Qué ha pasado porque ahora no te sigues enfocando en lo bonito de la relación?

¿Qué ha cambiado en ti para que tu mirada no sea la misma?

Conoce cada uno de tus sentimientos y date cuenta de que solo tú eres el responsable de lo que tú sientes y no la otra persona.

Si estás leyendo este libro y tienes pareja y no van bien las cosas, es porque por algún motivo (la monotonía, el día a día, la rutina etc.) habéis olvidado los motivos por los cuales os habéis enamorado.

Para vosotros tengo un ejercicio: haz dos cartas, en la primera vas a escribir todo por lo cual te has enamorado de esa persona, aquello que amas y que seguro has olvidado.

Y en la segunda vas a escribir aquello que no te gusta, esta carta es simplemente para soltar, no para que te enfoques en ella.

Dile a tu pareja que haga lo mismo que tú, recuerda que la pareja es un equipo, no son dos personas diferentes, son uno, de eso va la pareja realmente, unir vuestras energías para un fin en común.

La primera carta la vas a intercambiar con tu pareja y la segunda la vas a quemar.

No hace falta que tu pareja sepa lo que no te gusta de ella, estoy segura de que lo sabe, seguramente se lo has dicho más de una vez.

La verdad, eso no es lo realmente importante, lo importante es que te enfoques solo en aquello que una vez hizo que te enamoraras de tu pareja.

Esto también me lleva a recordarte algo que escribo en el segundo libro, y es que solo tú y nadie más que tú, sabes lo que realmente quieres, solo tienes que escuchar a tu corazón por lo que, si ya en tu interior sabes que aunque te duela esa persona ya no tiene que estar en tu vida, aunque sepas que habrá dolor, es lo que tienes que hacer.

Hace poco hablaba con una amiga y recordábamos algo, cuando ella estaba con un chico con el que ha durado muchos años, cuando todavía estaban juntos él le dijo que se hicieran unos tatuajes que los identificaran como pareja cada uno. Ella al principio dijo que sí, pero a la hora de hacerse el tatuaje ella se arrepintió y dijo que no quería.

En ese momento, ella no se dio cuenta de que su interior ya sabía que no tenía que estar con él, pero su miedo por hacerle daño hacía que se engañara día a día de que él tenía que estar a su lado.

Recuerdo cuando me empezó a dar quejas de él, cosa que nunca había pasado hasta ese entonces. Lo primero que le pregunté era si había alguien más en su vida y me dijo que no.

Luego me empezó a contar que no quería hacerle daño ni a él ni a su familia que la querían como si fuera su hija y que tal vez eso era algo pasajero que ella estaba mirando algo que no era.

Y le dije, amor, lo que no puedes hacer es engañarte y quedarte en un sitio en el que no quieres estar simplemente por miedo.

Así que te repito una vez más, pregúntale a tu corazón la respuesta, porque créeme, él sabe lo que tienes que hacer.

Amar no es mirarse el uno al otro, sino más bien ambos en la misma dirección.

Antoine de Saint - Exupery.

Carta de amor para mi pareja.

9. La gran mentira de la media naranja

El origen del mito de la media naranja lo tenemos que buscar en Platón y su obra *El Banquete*.

Al principio los hombres eran redondos, la espalda y los costados estaban colocados en círculos, tenían cuatro brazos, cuatro piernas y dos fisonomías unidas a un cuello circular y semejante, una sola cabeza que hacía que se unieran estos dos semblantes opuestos entre sí, dos orejas y dos órganos genitales.

Estos eran compuestos de tres clases, de hombre y hombre, de mujer y mujer y un tercero de hombre y mujer llamado "andrógino"

Aristófanes cuenta que "estos eran de gran densidad y firmeza, de grande corazón y por eso se atrevieron a pensar la idea atrevida de subir al cielo y pelear con los Dioses.

Por lo que Júpiter, que no quería destruirlos, buscó una solución, un medio de disminuir sus fuerzas sin deshacerse de ellos, separándolos.

Después de esta división, cada mitad hacía un esfuerzo de encontrar a su otra mitad de la cual habían sido separadas. Pero como solo querían unirse nuevamente, no hacían nada la una sin la otra, por lo que padecían de hambre y morían.

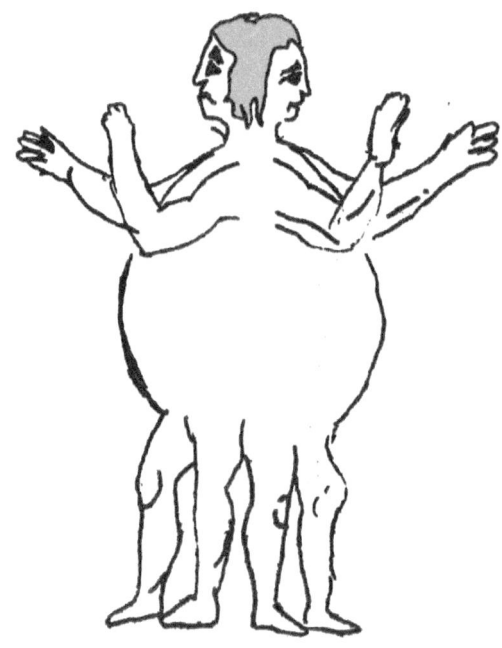

Esto me pareció importante para que veamos de dónde salió la idea de la media naranja que tanto hace sufrir a muchos.

Nos creemos todas las mentiras que se han contado hasta ahora y es lo que nos ha hecho pensar que esa es la realidad.

Pero desde hace mucho tiempo me planteo si todo lo que he aprendido hasta ahora es cierto y es real, porque me he dado cuenta de que nada es real y que nosotros tenemos un gran poder dentro que no sabemos que existe y el cual podemos utilizar para hacer nuestra vida más plena y feliz.

La cuestión está en que nos creímos este cuento a tal punto de que nuestra sociedad nos ha hecho creer que somos seres incompletos y la felicidad depende solo de algo externo, y déjame decirte que no hay nada más fuera de la realidad y te lo puedo decir conscientemente, porque yo lo he comprobado por mí misma.

La felicidad solo depende única y exclusivamente de ti, no hay medias naranjas que te hagan ser feliz, sino naranjas completas que se fusionan y formen una naranja más grande.

Ya te hablé de esto en mi libro anterior y te hablé de ello porque yo lo he comprobado, en el mismo instante en que empecé a sentirme feliz conmigo misma y a quererme tal y como soy y a no necesitar que alguien venga para yo poder ser feliz aprecio esa persona en mi vida.

Y ya poniendo un poco de humor, piensa un poco, ¿acaso con media naranja te sale zumo? Cómo puedes pensar que te hace falta alguien que te traerá felicidad, si tú eres completamente feliz encontrarás a ese alguien que es igual que tú de feliz, que esté completo y que tenga todas sus zonas oscuras sanadas y complementadas como el **Ying** y el **Yang** para complementaros y ser más grandes de lo que sois.

10. Diferencia entre hombres y mujeres

Una de las cosas en las que más fallamos en una relación de pareja, amigos o hijos es que vemos al otro como si fuéramos nosotros.

Y no hay peor error, porque cada uno es totalmente distinto al otro. Yo por ejemplo me he criado entre hombres, he sido la única chica de la casa por mucho tiempo donde había cuatro hombres, cada uno distinto, pero a la vez iguales, y lo que más he aprendido de ellos es que tienen una forma de pensar muy distinta a la de las mujeres.

Para ellos todo es más mecánico y para nosotras todo es más emocional, todo lo llevamos a un plano que igual ellos muchas veces ni entienden, y eso a veces les hace no ver cómo llegar a esa persona amada.

Como tips principal que yo he aprendido al convivir con tantos hombres, te puedo decir que una de las cosas que veo a simple vista como error en las mujeres es la forma de reaccionar ante un problema.

Cuando las mujeres están preocupadas por algo, la mejor forma de encontrar una solución es hablándolo, todo lo cuentan y así se sienten desahogadas y alguien las ayudará a tener una idea o solución al problema.

Yo aquí me he dado cuenta de que al convivir con chicos mi energía es muy masculina en algunas cosas, es decir, yo reacciono de la misma manera que los chicos.

Así que entiendo cómo se siente un chico cuando está mal y cuando tiene un problema, y esto algunas veces se lo hacía entender a mis amigas, pero no entendían lo que les explicaba.

Cuando los chicos están preocupados o tienen un problema, al ser muy mecánicos y poco emocionales, ellos se encierran en su mundo y su manera de conseguir una solución es estando solos sin que esté una mujer preguntándole qué le pasa y por qué no le quiere contar nada.

Esto lo aprendí claramente con mis hermanos, y mi hijo es igual, cuando están muy enfadados y algo no les va bien se encierran en su mundo. Yo como ya los conozco sé que algo les pasa y sé que si los dejo tranquilos, claramente cuando se sientan algo mejor vienen y me lo sueltan todo.

En ese preciso momento entiendo que lo mejor que

pude haber hecho es dejarlos solos para que se les aclare la mente y no agobiarlos con preguntas.

Esto no quiere decir que no les diga que me he dado cuenta de que tienen mal día, pero no les agobio con preguntas.

Nosotras pensamos que si no les preguntamos es demostración de que no nos interesan sus problemas, pero en el fondo eso es mentira, es nuestra manera de querer controlar todo y saber que ellos están bien.

Están bien si no los agobiamos con preguntas, somos esa persona con la que se desahogan, así que lo harán en su momento.

Consejo: Le conoces y sabes cómo es, así que dale el espacio que necesita para que no se sienta más agobiado de lo que ya está, encontrará la solución y en cuanto esté mejor te lo contará todo sin preguntártelo.

Hace poco empecé a vivir con mi hermana pequeña por parte de padre. Ella no ha vivido con nosotros, pero sí compartimos muchas cosas, ella siempre ha vivido entre chicas con sus hermanas por parte de madre.

Así que al principio, cuando empezó a vivir con nosotros, se agobiaba mucho cuando veía que algo nos pasaba.

Y empezaba con un interrogatorio para hacernos saber que estaba preocupada por nosotros. Ya ha entendido que la mejor manera de ayudarnos es dejarnos el espacio para sentirnos mejor y que en su momento le contaremos qué nos pasa.

Según la investigación que realizó **Pilar Sordo,** nosotras las mujeres tenemos una capacidad de retención más amplia que un chico.

Por lo que detallamos mucho más que ellos, de allí que muchos chicos no se fijen que has ido a la peluquería, ni qué ropa te has puesto en la primera cita.

El cerebro del hombre está diseñado para avanzar, por lo que vive y olvida, esto le ayuda avanzar más rápido, ya que ellos son más de acción que de emoción.

Según ella, para la mujer hay una necesidad de sentirse necesitada y yo creo que eso parte de una creencia cultural que tenemos de años atrás donde nos inculcaron que la mujer se encargaba de todos los quehaceres de una casa.

Y la necesidad del hombre es sentirse admirado, la cual también creo que es una creencia inculcada de muchos años atrás.

También hay que tener en cuenta que estamos en la era de acuario, por lo que el mundo está cambiando en energías.

Así que también hay que tener en cuenta que tanto hombres como mujeres pueden tener energías masculinas y femeninas, y no es que sea malo, al contrario, es muy bueno porque es lo que te lleva al completo equilibrio.

Aprender a entender a la otra persona es lo que hace que una relación sea duradera. Mi relación con mi hijo es buena porque él tiene su espacio, no por ser mi hijo tiene que hacer lo que yo diga y obedecerme en todo.

Y sé que esto a muchas personas no les sonará, también porque hay muchos padres que cuando tienen hijos se olvidan que en su momento tuvieron la edad de los hijos.

Mi hijo solo puede ver y estar con su novia los fines de semana, algunas veces entre semana, pero bueno casi siempre los fines de semana.

Por lo que si voy hacer planos con él se lo comunico con anterioridad, porque sé que para él es importante estar con la novia y para mí es importante que él vea y sienta que yo respeto su vida.

Es mi hijo y es lo que más quiero, por eso respeto su espacio y el respeta el miomio. Esto ha marcado la plena comunicación que yo tengo con él y que podemos hablar de cualquier cosa con total tranquilidad.

11. La importancia de escuchar

No es lo mismo escuchar que oír. Escuchar es prestar atención con tus sentidos y oír simplemente significa percibir un sonido.

Oír	Escuchar
* Oír se hace con el sistema auditivo. * Se oyen voces y sonidos.	* Escuchar involucra otros cuatro sentidos para ayudar a atender lo que se dice. * Cuando escuchamos entran otras funciones, como poner atención, recordar, pensar y razonar.

Son dos cosas totalmente distintas que nos llevan a algo muy grande que es tener una buena comunicación.

Mi buena relación con mi hijo de 17 años se basa en la buena comunicación que tenemos, y la tenemos porque desde pequeño le enseñé que para mí era importante escuchar todo lo que me dijera, aunque fueran cosas sin importancia, si para él es importante aunque no me guste lo que me está diciendo.

Hace un tiempo, mis hermanos, mi hijo y yo teníamos una conversación sobre relaciones tóxicas.

Mi hermano dijo algo y acto seguido mi hijo dijo, ¡eso ya se lo he dicho yo, pero como nadie me escucha a excepción de mi madre!

Me sentí súper bien porque he hecho bien lo de escucharle. Y allí me di cuenta de la importancia de escuchar tanto a tu hijo como a todo el mundo.

Hay relaciones (de amistades y de pareja) que cuando se rompen es por falta de una buena comunicación.

¿Alguna vez te has dado cuenta de que te has enfadado porque das algo por hecho?

Esto lo suelo ver muy seguido en muchas parejas, o en los amigos, se enfadan y dan por hecho que la otra persona sabe el porqué, y cuando le pregunto a algunos de los dos que si le han dicho lo que le pasa a la otra persona me dicen que no y es allí donde está el error.

Aprender a escuchar es muy importante y es lo que te lleva a una buena comunicación con cualquier persona.

Esto es muy importante con todo el mundo, pero con los niños creo que es el doble de importante.

Un día le pregunte a dos niños de diez años, una niña y un niño que si le tuvieran que pedir algo a los padres para que mejoraran ¿qué sería? Y los dos me respondieron **QUE LOS ESCUCHARAN MÁS.**

No nos damos cuenta de que los niños están al tanto de todo que parece que ellos no se enteran de nada, pero sí lo hacen.

Lo veo muy seguido cuando los padres están haciendo algo y le dicen al niño que le escuchan y no es cierto, porque parece que para ellos no es importante lo que el niño dice.

Los adultos nos tomamos las ideas de los niños y sus sueños como si fueran simple juegos, pero la vida me ha enseñado que son maestros espirituales, su alma está más conectada, ellos tienen esa magia que sale por los poros.

Nuestro grave problema es que nosotros creemos saber qué es la vida y por eso nos creemos con el derecho de quitarles esa ilusión tan bonita que tienen los niños.

Pero te quiero hacer una pregunta muy importante que yo me repito constantemente como afirmación, porque me he dado cuenta de ello.

¿En realidad sabes qué es la vida?

Yo desde mi experiencia te puedo decir que la vida no es lo que nos han contado, la vida es mucho más que lo que la gente dice.

Esto lo ampliaré más en mi siguiente libro, pero te quiero contar algo que me pasó con alguien que conozco, su hija es muy buena en lo que está estudiando, pero a ella no es realmente lo que le gusta, le gusta otra rama de eso.

Su padre me lo estaba contando cuando me dijo "Ya sé que eso no es que le gusta, pero le he dicho que no puede soñar tanto, que es muy difícil ese mercado que ella quiere"

Mi respuesta:

¡Estás loco, por qué le dices eso!

Si tú, que eres su padre le cortas las alas de soñar, de qué manera ella va a creer en ella.

A veces no somos conscientes de lo que decimos, pero si haces esto no solo matas poco a poco la ilusión esa niña, sino que haces de una manera inconsciente que poco a poco ella sola deje de creer en un sueño, o en lo buena que es haciendo lo que le gusta.

Si ella logra creer que no solo es buena sino la mejor en lo que hace, no va a ver mercado difícil que valga.

> *"Si tienes un sueño y crees en él, corres el riesgo de que se convierta en realidad".*
>
> **Walt Disney.**

Quiero pedirte un favor: ayúdame a reeducar a los padres, porque me parece que no se está siendo consciente de que los niños de hoy son los adultos de mañana.

12. Tipos de personalidades

Una pareja es un equipo, por lo que como en un equipo tú tienes que conocer bien a los integrantes para saber de qué manera mejorar.

Lo que te presento a continuación es un test que te llevará a cuatro tipos de personalidades. Cuando descubrí este test mi vida entendió muchas cosas de las personas y de mí.

Cada uno de los seres humanos somos diferentes, y con este test puedes entender que cada uno tiene diferentes tipos de características.

Ahora bien, por mi experiencia te digo que no hay nada que no pueda cambiar, lo que tú eres ahora no es más que un molde de tus circunstancias pasadas, de tu entorno, no eres tú realmente.

Cuando tenía 22 años empecé a trabajar en una escuela que daba cursos de inglés, mi trabajo consistía en buscar personas que quisieran hacer los cursos.

Yo en ese entonces era muy tímida, no podía hablar con la gente, me sentaba de última en algún lugar para no destacar y que no me preguntaran nada.

Allí uno de los empresarios principales me dijo: "Julieth puedo ver en realidad lo que eres y no es nada de lo que nos muestras, eres mucho más que esto".

Yo siempre he sido destacada por ser perfeccionista, llevar el control de todo te ayuda a tener buen control de tu zona de confort, de tus emociones.

Pero la muerte de mi padre fue mi punto de inflexión en la vida, el principio de uno de mis cambios más grandes, en ese momento me di cuenta de que no merecía la pena ser tan perfeccionista cuando la vida esta para vivirla y disfrutarla.

Por lo que me di cuenta de que aunque tú creas que tienes una personalidad definida y que no puedes hacer nada para cambiarla, te digo con el corazón en la mano que te estás contando una mentira.

Yo no soy ni la mitad de lo que era antes, yo he hecho que mi vida y mi personalidad cambien totalmente.

Me di cuenta de que mi personalidad me limitaba, así que creé una nueva que no me limite, **la de ser mi superhéroe favorito**. Este test te ayudará a entender un poco cada persona, inclusive a ti mismo, pero también te digo que no hay nada escrito en la vida, tú eres el único que puede escribir y reescribir en el cuaderno de tu vida, y también te digo que para estar centrados hay que tener un balance de estas cuatro personalidades.

Antes de hacer este test sé sincero contigo, marca con una X cada casilla sin pensar demasiado, con la primera impresión, luego suma los puntos que hay, que más adelante tienes la respuesta según cada punto.

Personalidad 1:

- Inteligente
- Decidido
- Optimista
- Confía en sí mismo
- Suele ser un líder
- Determinado
- Luchador
- Motivado
- Le gusta llegar lejos
- Le gusta ser jefe
- Le gusta arriesgar
- Tiene sus propias opiniones

Personalidad 2:
- Dispuesto
- Divertido
- Agradable
- Le gusta ser reconocido por su trabajo
- Entusiasta
- No es nada puntual
- Generoso
- Cariñoso
- Le falta disciplina
- Le gustan las fiestas
- Toma decisiones de forma emotiva
- Le gusta llamar la atención

Personalidad 3:
- Es muy analítico
- Es disciplinado
- Es minucioso
- Asume las tareas con responsabilidad
- Se preocupa por los detalles
- Sabe organizar su tiempo

- Es organizado
- Tiene que sentirse muy bien preparado para asumir tareas
- Es muy detallista
- Hace muchos planes
- Es meticuloso
- Le gusta tener buen ambiente con la gente

Personalidad 4:
- Es leal
- Le gusta hacer nuevas amistades
- Es tranquilo
- Desconfiado
- Es indeciso
- Es conservador
- Le gusta brindar su apoyo a los demás
- Es familiar
- Es alguien en quien se puede confiar
- Es responsable
- Le gusta contribuir
- Es inseguro

Cada personalidad tiene 12 características diferentes, al final de cada personalidad suma los puntos que tengas cada X es un punto, tu personalidad es aquella en la que tienes 12 puntos.

No puedes tener dos iguales pero sí puedes tener parte de estas cuatro personalidades en forma decreciente.

Es decir, si has tenido en la primera 12 puntos, en la segunda 8, en la tercera 6 y en la cuarta 4 quiere decir que la más escasa es la cuarta, por lo que tu personalidad será la mayor, pero recuerda que tienes que tener un balance de las cuatro personalidades.

Por lo que tu personalidad será la mayor.

Vayamos a por los resultados:

- **Personalidad 1 Dominante.**
- **Personalidad 2 Social.**
- **Personalidad 3 Perfeccionista.**
- **Personalidad 4 Familiar.**

Ahora bien vamos a ver los aspectos positivos y los negativos de cada personalidad, pero recuerda, desde mi experiencia te puedo decir que la personalidad que tenemos no es más que una personalidad creada por nuestro entorno y que se basa en nuestros miedos.

Creo que somos capaces de llegar a ser quien realmente somos con trabajo y de reeducarnos nuevamente.

Personalidad 1, Dominante.

Aspectos positivos:

- Son personas dominantes
- Tienden a ser líderes natos.
- Les gusta mandar, por lo que la gente de su alrededor espera eso de ellos.
- Para ellos es muy fácil aconsejar, guiar y decidir, toman las decisiones rápidamente y sin necesidad de consultar a nadie.
- Son competitivos.

Aspectos negativos:

- Se impacientan con facilidad por conseguir lo que quieren.
- Son muy determinados.
- Saben lo que quieren y van a por ello.

- No les importa mucho la opinión de la gente que los rodea puesto que saben lo que quieren.

La mayoría de la gente exitosa es dominante.

Personalidad 2, Social.

Aspectos positivos:

- Son personas muy dispuestas.
- Amantes de la vida y de la gente.
- Son personas que crean rápidamente un ambiente positivo.
- Les encanta hacer reír a la gente.
- Hacen amigos fácilmente.
- Suelen ser el alma de cualquier fiesta por lo que cualquier persona quiere estar a su lado.

Aspectos negativos:

- Les gusta mucho tener obligaciones.
- Son impuntuales.
- Son desorganizados.
- No saben centrarse en tareas.
- Les gusta que su día a día sea muy sorpresivo y que no sea nada programado.

A las personas sociales les encanta la comunicación con la gente y son felices con ello, pero se tienen que centrar mucho para realizar objetivos concretos porque les pierde lo social. Tengo muchos amigos sociales y sé de lo que te hablo.

Personalidad 3, Perfeccionista.

Aspectos positivos:

- Les gusta tener su vida bajo control.
- Programan absolutamente todo.
- Quieren aprender lo máximo posible para poder llevar a cabo una tarea.
- Son muy puntuales y tienen buena presencia.
- Se puede contar con ellas en cualquier momento.

Aspectos negativos:

- Le prestan mucha atención a todo y no disfrutan de lo simple.
- Quieren saberse toda la teoría, pero a la hora de la práctica les cuesta porque no se sienten bien preparados.
- Les da mucho miedo salir de su zona de confort, puesto que allí tienen el control de todo.

- Les cuesta mucho disfrutar de la vida porque se pierden en el orden.

Esta personalidad me la sé a la perfección y conozco hasta sus miedos porque yo he sido durante mucho tiempo una perfeccionista, y aunque en algunos aspectos son muy buenos, a la hora de lanzarte a buscar tus sueños te puede limitar.

Es muy importante tener un balance de las cuatro personalidades, pero si quieres realizar un sueño tienes que saber que te tienes que ir convirtiendo en dominante social.

Personalidad 4, Familiar.

Aspectos positivos:

- Les encanta ayudar a los demás.
- Son personas que cooperan y crean mucha confianza por su ambiente familiar.
- Están pendientes de todo el mundo.
- Se preocupan por la gente aunque no les conozca mucho.
- Los problemas de los demás son sus problemas.
- Ellos crean un ambiente familiar con cualquier persona.

Aspectos negativos:

- Son muy tercos.
- Son algo conformistas.
- La opinión familiar es importante para poder crear proyectos nuevos.
- En ocasiones se olvidan de ellos por ayudar a las demás personas.

Creo que en cada familia hay un familiar, un social, un perfeccionista y un dominante. Mi madre por ejemplo era muy familiar y a veces los problemas de los demás los hacía suyos, eso tampoco es muy bueno, pero con trabajo y una hija que siempre está en constante aprendizaje le ha enseñado que se tiene que preocupar primero por ella para poder brindarle ayuda al resto.

Nuestro trabajo es crecer cada día más y así poder conseguir cada uno de esos sueños que al parecer eran Imposibles, así que también me ha gustado una investigación que ha hecho el psiquiatra **Carl Jung** sobre personalidades. A mí parecer se parece mucho a las cuatro anteriormente descritas.

Según el psiquiatra Carl Jung la introversión y extroversión se mezclan con cuatro funciones psicológicas que nos definen.

- Pensar.
- Sentir.
- Percibir.
- Intuir.

Las dos primeras para él eran racionales y las dos segundas irracionales.

De la combinación de la introversión y la extroversión salen otros tipos de personalidades que son:

1. Pensamiento - Introvertido: Las personas que pertenecen a este tipo de personalidad se centran más en sus propios pensamientos que por lo que ocurre afuera.

Les gustan mucho los pensamientos de tipo confusos, irreales, es decir, las batallas teóricas entre diferentes filósofas y maneras de ver la vida.

2. Sentimental - introvertido: Estas personas son de muy poco hablar, sin embargo, son simpáticos y no les cuesta nada crear vínculos afectivos con un círculo de personas pequeño. No demuestran su apego.

3. Sensación - Introvertido: Este tipo de personalidad está más relacionado con sentimientos o ideas espirituales, universales, inmaterial. Según Carl Jung esta es la personalidad de las personas que se dedican al arte o a la artesanía.

4. Intuitivo - Introvertido: Esta personalidad pertenece a las personas soñadoras, ellas se centran en las fantasías acerca del futuro y aquello que está por venir, inclusive dejándole de prestar atención al presente.

5. Pensamiento - Extravertido: Este tipo de personalidad se define por crear explicaciones de todo, de acuerdo a lo que ve en su alrededor. Esto hace que entiendan todas las reglas como principios firmes, inalterable y estético sobre la realidad objetiva.

Ellos verían las cosas de una manera muy peculiar y que cambiaría muy poco con el tiempo, además según Carl Jung, ellos intentarían imponer su visión al resto de personas.

6. Sentimental - Extravertido: Esta personalidad pertenece a personas muy empáticas. Tienen mucha facilidad para conectar con los demás, ellos disfrutan de la compañía de las demás personas. Carl Jung dice que son muy sociales y que no son nada reflexivos.

7. Sensación - Extrovertido: Esta personalidad busca sensaciones con nuevas experiencias con los demás y con el entorno. Ellas buscan placer en la interacción con las demás personas y con los entornos reales.

8. Intuición - Extroversión: Esta personalidad se caracteriza por la tendencia a emprender todo tipo de proyectos y aventuras de media a larga duración, lo que hace que cada vez que termina algo quiere empezar otra cosa de inmediato. Las perspectivas de futuro con el entorno son el centro de preocupación de esta persona.

Estas investigaciones están hechas para que aprendas a conocerte. Ya te lo dije en mi primer libro: es importante saber quién eres para saber y tener claro dónde quieres llegar.

Vibra en aquello que quieres atraer

Hay un amor preparado para ti y os estáis buscando mutuamente así que deja de mirar al pasado.

Julieth Pareja Ríos.

Quiero empezar este capítulo contándote cómo me di cuenta de que todo en la vida es vibración, incluido el amor.

Hace mucho tiempo había un chico que llamaba mucho la atención, era guapo y muy majo, también era súper sencillo y la verdad es que a mí en particular esto me gusta mucho en un chico.

Un día le vi con la novia y me quedé sorprendida porque la chica era igual que él, era guapa, maja y súper sencilla, así que ya no me gustaba ese chico sino la pareja que tenía con la chica.

Me di cuenta de que quería una pareja como esa, algo que fuera tan bonito que no hay necesidad de aparentar que todo es perfecto delante de los demás, sino que simplemente es tan sencillo y que desprende amor verdadero.

Allá afuera hay mucha gente queriendo aparentar que tiene más dinero, que son más felices, que tienen amor y a los únicos que engañan es a ellos mismos porque nada de eso se puede fingir.

Conozco gente que es feliz porque tiene una pareja maravillosa, conozco gente que tiene mucho dinero y es feliz, y sabes cómo les conozco, porque van por la vida desentonado del resto de la gente, son tan diferentes y piensan solo en cuidar su amor propio que les da igual lo que el resto de la gente vea, no necesitan aparentar nada.

Cuando cayó el libro **El poder de la mente subconsciente** en mis manos, trabajé dos cosas: el dinero y el amor y no te voy a mentir, tenía tantas deudas que me enfoqué más en el amor, porque pensar en dinero me generaba estrés.

Así que empecé a hacer todo lo que ese libro decía para atraer el amor, y la verdad es que funciona, tienes que vibrar en eso para que pueda aparecer el amor a tu vida.

Pero antes de empezar, recuerda cerrar todas esas puertas del pasado, si no ha funcionado con otra persona es porque aunque te duela esa no era la persona, pasa página o arráncala, pero no te quedes enganchado.

La ley de la atracción no funciona para atraer a una persona en específico porque los seres humanos tenemos libre albedrío y hay que respetarlo.

13. Define quién eres

Esto es lo más importante, bueno todo es importante, pero esto es lo primero qué tienes que hacer para atraer a esa persona maravillosa que te mereces.

Tienes que definir quién eres para poder saber qué quieres, no te asustes si ya tienes pareja y estás leyendo esto porque puedes hacer que tu relación cada vez sea mejor.

Así que te voy a pedir que por favor no te mientas a ti mismo, lo principal para tener una relación de pareja maravillosa es saber quién eres, cuáles son tus virtudes y cuáles son tus defectos.

Todos tenemos cosas positivas y negativas, reconoce las dos porque ellas son parte de ti.

Si no te gustan ciertas cosas de ti, entonces empecemos por ese cambio de nosotros mismos, es importante amarte con tus luces y tus sombras para que podamos atraer a alguien que nos ame de la misma manera que nosotros lo hacemos o más.

Así que en la siguiente página descríbete y conócete y luego iremos entonces a describir a esa persona que queremos en nuestra vida.

Ah, se me olvidaba algo muy importante, no te cortes ni un poco al describirte a ti mismo con buenos adjetivos, porque parece que conocemos más los malos que los buenos.

Recuerda que somos naranjas enteras, somos seres espirituales en una experiencia humana por lo que somos seres únicos y especiales, recuérdalo siempre, porque el amor empieza en nosotros mismos.

14. Describe quién eres

15. Crea una visión diferente

Hay muchas limitaciones que nos ha creado nuestra sociedad, una de ellas es la diferencia de edad.

Parece que es un pecado capital que una mujer sea mayor que un hombre. Yo reconozco que esto en particular lo tenía inculcado desde pequeña, pero a medida que iba aprendiendo y cambiando creencias me fui dando cuenta de que no es más que una limitación mental sin motivos.

Otra limitación es que parece **IMPOSIBLE** tener una relación con una persona que tiene un nivel de vida muy distinto al tuyo.

Esto también te lo meten en vena desde que eres pequeño, es **IMPOSIBLE** tener una relación prometedora llena de abundancia económica porque esa persona tiene un nivel de vida distinto al tuyo, pero eso también no es más que una limitación mental.

Es cierto que en este caso como en cualquier otro tienes que trabajar ciertos aspectos porque la vibración es diferente, pero Nada es Imposible, sobre todo si hay ejemplos de ellos.

Yo por mi parte tenía una limitación algo fea, vi en muchos casos que había tanto mujeres como hombres que solo estaban interesados en el dinero de la otra persona. Para mí estar con alguien que tenía más dinero que yo me conectaba con una limitación muy grande que tenía dentro, que era que estar con alguien y casarte era sinónimo de dejar todo para ser ama de casa.

Y la verdad que una de las cosas que amo y por la que lucho es la **LIBERTAD.** No la libertad de hacer lo que me dé la gana, pero sí de la de escoger y hacer aquello que más amo.

Cada vez que tenía este tipo de limitaciones mentales que me hacían pensar que yo no era merecedora de un hombre maravilloso, le daba la vuelta pensando en algunos ejemplos como los que te voy a presentar más adelante y con los que vamos a desvanecer esas limitaciones mentales que tú también puedas tener.

Me fui aferrando a cada persona que tenía un amor de verdad, los buscaba y los encontraba. Cada uno con una circunstancia diferente.

Ninguna circunstancia puede ser más grande que el sueño de compartir tu felicidad con un amor verdadero y que haga que tus días sean más grandes, ya que no solo es amar a alguien, sino crecer en conjunto como pareja.

Diferencias de edad:

- **Macron y Brigitte** (Presidente de Francia y la Primera dama)

El actual presidente de Francia, Macron, se enamoró de su esposa Brigitte cuando era solo alumno de drama en el colegio, ella es 25 años mayor que él.

Al terminar su discurso, el nuevo presidente se eligió abrazar a su esposa Brigitte una divorciada de 64 años.

Él se enamoró de ella con apenas 15 años cuando ella era su maestra de drama, no solo tenía 25 años más, sino que estaba casada y tenía tres hijos, uno de sus hijos era compañero de Macron.

Él le pidió a su profesora de aquel entonces con 39 años que redactara un libreto para una obra de teatro. Esto no era más que una excusa para poderla ver todos los viernes.

Este tema ha sido muy criticado en exceso por el solo hecho de ser ella la mayor, pues Donald Trump le lleva la misma edad a Melania y ese no sido un tema exageradamente analizado.

Contra todo pronóstico, y con toda la gente en contra, los padres de él, los hijos de ella, su exmarido, ellos han pasado la prueba del tiempo y la edad, comenzó en el colegio cuando ella era su maestra de drama y escribieron juntos esa obra y hoy en día son pareja.

Como ves en este ejemplo, él es 25 años menor que ella, son los mismos años que le lleva Donald Trump a su esposa Melania, pero la sociedad sólo se ha fijado en diferencia de edad que tiene el presidente de Francia y su esposa.

Da igual lo que realmente la gente critica o no, mi objetivo con esto es mostrarte que tú puedes ser feliz independientemente lo que el mundo diga, la decisión solo está en tus manos, no en nadie más.

Macron y Brigitte.

- Shakira y Gerard Piqué:

"Voy a ganar este mundial porque quiero verte al final del torneo e invitarte una cena romántica". Esto fue lo que le dijo Gerard Piqué a Shakira en el 2010 después de terminar de grabar el video del *Waka Waka* la canción representativa del mundial de Sudáfrica.

A pesar de sus 10 años de diferencia y los temores de la colombiana por la diferencia de edad, empezaron su romance.

En el 2011 dieron a conocer su nueva relación al público. Ya llevan ocho años juntos y tienen dos niños.

Shakira y Gerard Piqué.

Me queda claro que cada limitación esta solo en nuestra cabeza, cuando de verdad apuestas por algo puedes llegar lejos, solo si tú crees en ti, en el amor y si no le das importancia a lo que realmente no importa.

Diferencias Sociales:

- *Felipe y Letizia (Actualmente reyes de España)*

Empezaron su romance hace 14 años cuando apenas empezaban sus profesiones y caminos de vida.

A él se le sacaba conclusiones con varias prometidas, pero ningún escenario parecía creíble.

Al ser hijo del Rey estaba en el ojo del huracán, pero eso no fue impedimento para fijarse en una chica modesta, profesional y sin ningún nexo cercano a la familia real.

Para Letizia, sin embargo, era aún más complicado tener una relación con el príncipe Felipe, puesto que ella arrastraba dos fracasos sentimentales cercanos.

Pese a eso el Príncipe Felipe insistió y en noviembre del 2003 la Casa Real hizo público un comunicado donde aceptaban la unión entre Felipe y Letizia. Y fue así cuando en el 2014 se casaron.

Felipe y Letizia (Actualmente reyes de España)

- *El Príncipe Harry de Inglaterra y Meghan Markle*

Después de ser presentados por una amiga común, los dos sintieron un fuerte flechazo en este su primer encuentro.

"Me enamoré de Meghan tan increíblemente rápido que parece una confirmación de que todas las estrellas estaban alineadas" Dijo el Príncipe Harry.

Ella tenía 34 años y un divorcio y él 31 y un pasado bastante agitado.

El 19 de mayo del 2018 y después de dos años de conocerse se casaron en el Castillo de Windsor.

El escritor especialista de la Casa Real Británica Andrew Morton, dijo: "él suplico más que Meghan ya que él tenía más que ganar y Meghan más que perder".

El Príncipe Harry de Inglaterra y Meghan Markle

El Príncipe Harry de Inglaterra y Meghan Markle

Al ver sus caras me queda más que claro que hay amor. Y por supuesto después de estos ejemplos está clarísimo que solo nosotros decidimos lo que realmente queremos, seamos quien seamos.

Las limitaciones solo las pones tú. Estás dispuesto hacer que tu vida, tu amor siga un camino diferente, que valga la alegría o vas a seguir pensando en limitaciones mientras se va pasando lo único que no puedes recuperar *"EL TIEMPO"*.

No te dejes llevar por lo que todo el mundo dice *"Tu Vida es Tuya y de Nadie más"*.

Estas son historias reales de gente real, y tú dirías *¿pero cómo puede pasarme eso a mí?*

Y yo te pregunto:

Y *¿Por qué no?*

¿De qué grupo eres?

¿De los que aman tanto que saben que les espera algo realmente maravilloso porque te lo mereces?

¿O de los que piensan que la vida juega con ellos y que son incapaces de pensar que se merecen cosas maravillosas?

Te cuento un secreto: Yo siempre me hacía estas preguntas y cuando mi mente me daba una excusa yo le hacía otra pregunta *¿Si alguien lo ha hecho por qué yo no?*

Solo está en ti cambiar la perspectiva de ver el mundo y cuando eso pase el mundo te verá diferente.

Tu principal objetivo es amarte de la misma manera que alguien te pueda amar, y soñar en grande y allí aparecerán situaciones y circunstancias que te lleven cerca de ese amor maravilloso que estoy completamente segura de que estará esperando lo mismo que tú.

Tu principal objetivo es ser fiel a ti mismo sin importar lo que el mundo entero opine, tu vida es únicamente tuya y solo tú eres el que tiene poder sobre ella.

Si te has dado cuenta de lo que he estado haciendo contándote todo esto es ayudándote a eliminar alguna creencia limitante que tengas por allí escondida.

Créeme, eso puede ser la causa de que no encuentres aquello que tal vez también te está buscando.

¿Has tenido una relación de pareja durante muchos años y ahora tu mente solo te dice que no encontrarás el amor?

¡Mentira!, todo es parte de tu mente, su manera de protegerte, pero no te lo creas ni hagas caso.

Este ejemplo te ayudará a crear visión de futuro para aquello que anhelas, busca siempre gente que tenga aquello que desees y cree en el amor, porque el amor en general es la fuerza que mueve el mundo.

Blake Live y Ryan Reynolds:

Ellos son unas de las parejas de toda de Hollywood, su camino no ha sido un camino de rosas.

Antes de conocerse, Reynolds estuvo casado con Scarlett Johansson por tres años. Lively también había tenido una relación con su compañero de serie de Gossip Girl, Penn Badgley, seguida de un romance de poca duración con Leonardo Di Caprio.

Se conocieron en el rodaje de Linterna Verde, eran simplemente amigos y nada pasaba, pero una noche fueron a cenar, pero cada uno estaba con una pareja diferente, era una cita doble.

"Recuerdo que fue algo muy divertido, era una cita doble, ella tenía una cita con otro chico y yo con otra chica. Fue muy incómodo porque había fuegos artificiales entre nosotros. Al principio todo era muy extraño porque habíamos sido amigos durante mucho tiempo" Dijo el actor.

Están casados desde el año 2012 y son inseparables, tienen dos hijos, Reynolds declaró que el nacimiento de su primer hijo ha hecho la relación más sólida.

"Cuando tuvimos esa mujer me sentí más enamorado de mi mujer de lo que nunca me había

sentido" declaró el actor en el **The Late Show with David Lettermanque.**

Ryan siempre soñó con formar una familia maravillosa y ahora ese deseo se ha convertido en realidad. ***"Siempre imaginé que lo tendría y al final ha pasado".***

A mí la vida me ha enseñado que si sueñas con algo grande día a día lo puedes conseguir.

¿Por qué conformarte con lo que todo el mundo tiene?, ¿quién ha dicho que tiene que ser así? Todo en la vida depende únicamente de ti.

Hubo un momento en mi vida en que mi mente me decía que ser madre soltera no me permitía tener a alguien que me pudiera amar de la manera que me merezco.

Gracias a Dios que soy una obsesionada y que a veces le digo a mi mente que no me importa lo que diga y sigo soñando.

No te limites a ti mismo, no seas tú el que se limite, para eso está el resto de la gente.

Y ya para finalizar te quiero dejar la historia de una pareja que me encanta (ellos son mi visión de pareja) porque han sabido llevar su amor más allá de la pantalla y han sabido que, para tener una buena relación de pareja, hay cosas que hay que cambiar, es un trabajo de dos y no de cada uno por su lado.

Elsa Pataky (41) y Chris Hemsworth (34)

Se conocieron gracias a su profesora de dicción que les ayudaba a ambos con sus respectivos acentos.

"Ella nos conocía muy bien a los dos y estaba convencida que nos íbamos a llevar bien" dijo Elsa en una entrevista.

Se encontraron por primera vez a finales del 2009, unos días después ella tuvo que regresar a España para rodar una película donde permaneció tres meses, un periodo en el cual no se volvieron a ver.

"Pensé que si le importaba, me esperaría"

¡Y hasta hoy!

Dijo Elsa.

Un año más tarde se casaron en una romántica boda en Indonesia. Ahora llevan 8 años juntos, son padres de tres hermosos hijos.

Ellos son unas de las parejas más atractivas del cine internacional. Son guapos y exitosos y han formado una gran familia juntos. Son unos de los matrimonios más estables de las figuras públicas, pero no siempre ha sido así.

"Hicimos todo muy rápido, no sé cómo sobrevivimos como pareja, creo que la clave de que funcione es que hay mucho amor entre nosotros, aunque tenemos personalidades muy fuertes" Decía Elsa en una entrevista.

Elsa: *"Estos años han sido hermosos, todas las parejas tienen altibajos y obtener un matrimonio exitoso y permanecer juntos se consigue con un trabajo continuo. Los padres de Chris lo han conseguido y *es algo maravilloso"*.

Por otro lado, Chris Hemsworth se sinceró también en una entrevista y dijo: *"Mi esposa y yo nos enamoramos, tuvimos hijos y realmente nos vimos durante muchos años, pero nos volvimos a enamorar"*.

Elsa: *"Quiero educar a mis hijos para que sean fuertes, creo que es bueno saber que pueden lograr y hacer lo que quieran en la vida, y no tenerle miedo a nada"*.

Elsa Pataky y Chris Hemsworth

Ahora yo te hago una reflexión, ¿cómo una pareja del cine donde su vida puede ser un caos al ser pública, son realmente felices y se aman, y por qué una pareja común no lo es?

La respuesta está en todo lo que nos ha inculcado la sociedad diciéndonos y repitiéndonos de lo "que supuestamente es el amor".

Todo tiene un precio a pagar, no hay nada a cambio de nada y eso lo sabe la gente de éxito (personas millonarias, con relaciones de pareja extraordinarias).

Dite la verdad y plantea tu vida de éxito (por supuesto partiendo de lo que para ti es el éxito, una familia, un amor, ser millonario) no creas que es imposible, nada lo es, empieza a ser tu superhéroe favorito cumpliendo todos esos sueños que soñabas de pequeño y sé feliz que es lo más importante.

Crea una visión de futuro con personas que te inspiren para tener lo que ellos tienen y que sean tu ejemplo a seguir siendo tú mismo.

Todas las parejas con relaciones extraordinarias tienen una receta que utilizan para que sea maravillosa durante el tiempo que dure.

- ★ Son como niños, con complicidad y disfrute.
- ★ Sonríen lo más que pueden.
- ★ Se enfocan en lo positivo y si tienen diferencias las arreglan empatizando con el otro.
- ★ Tienen mucha comunicación.
- ★ No dan nada por hecho, aun cuando llevan años se enamoran día a día.

Para ellos no existe el futuro, porque el futuro es incierto, la relación puede culminar un día así que se disponen a vivir el presente con amor y con pasión y eso hace que la relación sea duradera.

Amor es lo que tenemos mi gato y yo:

¡No nos pedimos nada, él no quiere cambiarme ni yo a él!

Eso es el amor, estar contento con la existencia del otro, simplemente no esperar nada de él.

Alejandro Jodorowsky.

16. ¿Qué es el amor de pareja?

Creo que la sociedad nos ha inculcado algo que no es real, el amor va mucho más de lo que hemos aprendido.

Yo siempre fui de las personas que creían a medias en el amor y mi frase favorita era "No hago tonterías por amor".

¿Pero qué son tonterías por amor?

No vivir la vida, no disfrutar por miedo a sufrir, sinceramente menos mal he despertado, no solo tengo ganas de hacer tonterías, también quiero disfrutar como niños, con ese amor inocente que normalmente tienes cuando empiezas una relación.

Pues eso lo voy a vivir día a día ya aunque pase el tiempo. Si quieres un consejo, quítate los miedos y las limitaciones y empieza a vivir la vida porque solo tienes una sola y es demasiado bella para pasar desapercibidos.

No sabemos el verdadero significado de esta palabra, algunos la dicen a todo el mundo sin sentirla y otros le tienen tanto miedo que son incapaces de decirla en toda la vida.

No es cuestión de compromiso, es cuestión de sentirla de verdad, de decirla cuando te sale del alma, porque eso es el amor.

Por lo que te voy a explicar con tres historias de películas el verdadero significado de esta palabra tan pequeña, pero con tanta fuerza.

Yo antes de ti: En esta película la protagonista es la hija mayor de una familia que se sacrifica sin estudiar y trabajando para ayudar a su familia.

Ella empieza a trabajar cuidando a un chico que ha tenido un accidente y esta parapléjico y que no quiere vivir más por su estado.

Ella es una chica diferente y especial, pero sobre todo sabe que necesita el trabajo, por lo que tiene que aguantar el mal genio de este chico para poder ayudar a su familia, ella hace que este chico ame estar vivo todavía aun cuando él tiene fecha para no seguir viviendo.

Ella se concentra y hace todo lo posible para que él cambie de idea puesto que se ha enamorado de él.

Él le enseña que la vida es mucho más de lo que hasta ahora ha vivido.

Ella se da cuenta de que no le puede hacer cambiar de opinión aun cuando no entendía su manera de pensar y se da cuenta de que lo único que puede hacer es amarlo.

No te voy a contar el final de la película porque quiero que la veas y que veas el final.

Yo la vi con mi prima y dos amigas, cuando salimos del cine mi prima me dijo que no le había gustado la película y yo le dije que en realidad no la había entendido.

El verdadero amor traspasa las fronteras del egoísmo y del yo siempre. El verdadero amor es amar a otra persona inclusive sobre tu propio amor por esa persona.

Espero que disfrutes la película igual que yo lo hice, es una de mis películas favoritas, y logres entender el verdadero significado de amor que hay al final de la película.

El Diario de Noah: Esta película va de dos adolescentes que se enamoran en el verano pero que son de clase muy distinta.

La madre de la chica hace todo lo posible para que ella deje esa relación porque para ella lo material va por encima del amor.

Al final lo consigue y cuando la chica está a punto de casarse con otro chico de su clase, ve una noticia en el periódico. "Su amor de verano (su verdadero amor) ha construido la casa que juró construir para ella".

Ella va en su busca y se da cuenta de que ha sido engañada por su madre para que se alejara de él, porque su madre pensaba que para ella eso era lo mejor.

Al final vence el amor y con el pasar de los años ella sufre de Alzheimer, por lo que se olvida de todo, incluidos sus hijos y él.

El amor de él es tan grande que escribe un bello diario con la historia de los dos, el cual le lee todos los días para que ella le recuerde por instantes.

Esta película es hermosa también y espero que te guste. Yo soy de las personas que cree que estas historias de películas no son historias ficticias.

Hace poco leí una historia de amor como esta película, es de un chico anónimo que trabaja en una clínica.

Un señor de cierta edad fue a la clínica donde trabaja un chico a curarse una herida.

El señor tenía mucha prisa y mientras este chico le curaba le preguntó el motivo de su prisa.

El señor le contestó que tenía que ir a una residencia a desayunar con su mujer que vivía allí.

El señor le contó que su mujer llevaba algún tiempo viviendo allí porque tenía un Alzheimer muy avanzado. Mientras él le hacía la cura de la herida, le preguntó si su mujer se preocuparía si llegara tarde ese día a desayunar con ella.

No, me dijo. Ella ya hace cinco años que no sabe quién soy.

Entonces el chico le preguntó bastante extrañado: -Y si ya no sabe quién es usted, ¿por qué esa necesidad de estar con ella todas las mañanas?

El señor le sonrió y dándole un golpecito en la espalda con la mano le dijo: —*Ella no sabe quién soy yo, pero yo todavía sé muy bien quién es ella.*

> **El verdadero amor no se reduce a lo físico ni a lo romántico. El verdadero amor es la aceptación de todo lo que el otro es, de lo que ha sido, de lo que será y de lo que ya no es...**
>
> **Anónimo.**

Yo suelo buscar historias de gente exitosa en muchos aspectos y me he dado cuenta de que si hay relaciones que tienen años de estar juntos y todavía hay pasión y *¿sabes por qué no se ven casi?* Porque ellos hacen todo diferente al resto de la gente.

Aunque sean personas famosas, su vida no es pública, no tienen esa necesidad de estar mostrándole su vida personal al mundo, además tienen ciertos principios que hacen que su relación de pareja sea diferente.

Ya te conté en mi primer libro el caso de uno de mis cantantes favoritos Chayanne, y como él hay muchos más, Juanes, Shakira, etc.

El amor verdadero sí existe, solo que no es igual a lo que nos han contado.

Ahora te voy hacer una pregunta que yo me hacía todo el tiempo y que todavía me hago.

¿Qué quieres para tu vida?

Si tienes la respuesta, te digo haz todo lo posible por conseguirlo, porque no te va a caer del cielo, tienes que hacer que suceda.

Historia Indígena.
Jorge Bucay.

Cuenta una vieja leyenda de indios sioux que una vez hasta la tienda del viejo brujo de la tribu llegaron, tomados de la mano, Toro Bravo, el más valiente y honorable de los jóvenes guerreros, y Nube Alta, la hija del cacique y una de las más hermosas mujeres de la tribu.

—Nos amamos —empezó el joven.

—Y nos vamos a casar —dijo ella.

—Y nos queremos tanto que tenemos miedo.

—Queremos un hechizo, un conjuro, un talismán.

—Algo que nos garantice que podremos estar siempre juntos.

—Que nos asegure que estaremos uno al lado del otro hasta encontrar a Manitú el día de la muerte.

—Por favor —repitieron—, ¿hay algo que podamos hacer?

El viejo los miró y se emocionó de verlos tan jóvenes, tan enamorados, tan anhelantes esperando su palabra.

—Hay algo... —dijo el viejo después de una larga pausa—. Pero no sé... es una tarea muy difícil y sacrificada.

—No importa —dijeron los dos.

—Lo que sea —ratificó Toro Bravo.

—Bien —dijo el brujo—, Nube Alta, ¿ves el monte al norte de nuestra aldea? Deberás escalarlo sola y sin más armas que una red y tus manos, y deberás cazar el halcón más hermoso y vigoroso del monte. Si lo atrapas, deberás traerlo aquí con vida el tercer día después de la luna llena.

¿Comprendes?

La joven asintió en silencio.

—Y tú, Toro Bravo —siguió el brujo—, deberás escalar la montaña del trueno y cuando llegues a la cima, encontrar la más bravía de todas las águilas y solamente con tus manos y una red deberás atraparla sin heridas y traerla ante mí, viva, el mismo día en que vendrá Nube Alta...

—Salga ahora.

Los jóvenes se miraron con ternura y después de una fugaz sonrisa salieron a cumplir la misión encomendada, ella hacia el norte, él hacia el sur...

El día establecido, frente a la tienda del brujo, los dos jóvenes esperaban con sendas bolsas de tela que contenían las aves solicitadas.

El viejo les pidió que con mucho cuidado las sacaran de sus bolsas. Los jóvenes hicieron y expusieron ante la aprobación del viejo los pájaros cazados. Eran verdaderamente hermosos ejemplares, sin duda lo mejor de su estirpe.

—¿Volaban alto? —preguntó el viejo.

—Sí, sin dudas. Como lo pediste... ¿Y ahora? —preguntó el joven—. ¿Los mataremos y beberemos el honor de su sangre?

—No —dijo el viejo.

—Los cocinaremos y comeremos el valor en su carne —propuso la joven.

—No —repitió el viejo—. Hagan lo que les digo. Tomen las aves y átenlas entre sí por las patas con estas tiras de cuero.... Cuando las hayan anudado, suéltenlas y que vuelen libres.

El guerrero y la joven hicieron lo que se les pedía y soltaron los pájaros.

El águila y el halcón intentaron levantar vuelo, pero sólo consiguieron revolcarse en el piso. Unos minutos después, irritadas por la incapacidad, las aves arremetieron a picotazos entre sí hasta lastimarse.

—Este es el conjuro. Jamás olviden lo que han visto. Ustedes como un águila y un halcón, si se atan el uno al otro, aunque lo hagan por amor, no sólo vivirán arrastrándose, sino que además, tarde o temprano, empezarán a lastimarse uno al otro. Si quieren que el amor entre ustedes perdure, vuelen juntos, pero jamás atados.

El amor es libertad, eso no quiere decir que vas hacer lo que te dé la gana aun teniendo pareja, lo que quiere decir es que amas al otro desde la libertad de ser el mismo, sin apegos, sin procesiones, etc.

Mundo metafísico y cuántico para atraer a ese amor que tanto te mereces.

A veces solo miro arriba, sonrío y digo:
"Sé que fuiste tú".
Gracias.
Lain García Calvo.

17. Un encuentro nada casual

No había una noche donde ella mirando las estrellas le preguntara a Dios y al cielo dónde estaba el amor para ella.

Sabía que en algún lugar del mundo estaría, porque había un pensamiento que la invadía según ella hacía la pregunta y era en forma de respuesta, "cuando le encuentres sabrás por qué no ha funcionado con nadie más" era como si alguien le contestara a esa pregunta que se hacía.

Ella intuía que había algo más de lo que siempre le habían contado, así que cada vez que hablaba con Dios, con las estrellas, con el universo, le decía que le diera una señal para que ella no tuviera ninguna duda cuando le tuviera en frente, que su corazón latiera tan rápido que ella no escuchara nada más que el latido de su corazón.

Llovía mucho por lo que se planteó no ir a ningún lado, además estaba charlando con una amiga y con su hermano, así que se lo volvió a plantear y algo dentro de ella le dijo que sí, que tenía que ir.

Se preparó rápidamente ya que no quería llegar tarde a ningún sitio, pero no iba sola le había invitado a una amiga.

Se sentía perdida y estaba en su busca por lo que era importante empezar hacer cambios poco a poco, conocer gente diferente.

Tenía una idea que le rondaba su cabeza durante hace ya algún tiempo y es que "tenía que haber una forma de hacer que tu vida sea mejor de lo que es".

Estaban justas de tiempo y no encontraban el sitio al cual iban, no me gusta llegar tarde le dijo a su amiga, sin saber que nosotros no tenemos ni la más mínima idea de nada.

¡A veces llegar tarde es lo mejor que te puede pasar!

Subieron las escaleras corriendo y de pronto allí estaba ese chico tomando agua y haciendo tiempo para entrar, ella se distrajo cuando le vio, pero no le hizo mucho caso, solo quería buscar un buen sitio.

Su sonrisa era como luz y sin decir ninguna palabra le indicó que la puerta no era esa que ella pensaba abrir sino la otra.

En medio de la charla un pensamiento invadió su mente ¿Y si ese es el amor de mi vida?

Ella tenía ese juego para no tratar mal a los chicos ya que su experiencia con los hombres no había sido muy buena.

¡Qué va!, contestó y disolvió ese pensamiento, había ido a cambiar su vida y nada la pensaba distraer, además estaba segura de que después de ese día no le volvería a ver.

Pasaron unas cuantas semanas y acudió a otra charla con otra amiga, esta vez algo dentro de ella le impulsó a llegar temprano, había algo dentro de ella que le decía que tenía que estar allí.

Y no se equivocaba, cuando llegó se percató de que allí estaba él otra vez. Él la miro y le sonrió de nuevo, era una sonrisa que solo desprendía luz.

Casi al finalizar la charla un fuerte sonido se apoderó de todos sus sentidos, ya no podía escuchar nada, ni la charla, ni a su amiga que le hablaba, solo había un pensamiento que invadía su mente ¡Es él! ¡Es él!

El sonido de su corazón le había trasladado aquellas noches donde le pedía a Dios que le acercara al amor de su vida, a ese hombre maravilloso que ella sabía que estaba en algún lugar del mundo esperándole.

Ese hombre que sabía amar a una mujer como ella, que le cogiera de la mano para llegar tan lejos como ella quería, con el que formaría un equipo para llegar lejos, quien le ayudara a quitar los fantasmas del pasado porque el futuro solo era luminoso lleno de bendiciones.

Su corazón latía tan fuerte como el sonido de un tambor y ella no se lo podía creer, estaba allí cerca de él, ese hombre con el que tanto había soñado durante tantas noches seguidas y que muchas veces dudo de que pudiera existir.

¡Podía ser posible! ¿Era ese el hombre que compartiría con ella su vida a partir de ahora?

Hay un mundo cuántico y espiritual que conspira a tu favor, si tú le permites que él haga de las suyas, solo tienes que confiar, amarte y ser feliz, y solo entonces él te dará lo mismo que tú le das.

Cuando te dejas llevar por esa Magia interior que está constantemente susurrándote lo que realmente tienes que hacer, la vida pasa de ser simple para ser extraordinaria.

18. Ejercicios para atraer al amor

Bueno empecemos con los ejercicios. Te lo voy a explicar paso a paso para que tú aprendas a vibrar en eso que quieres atraer.

- *Lo primero que tienes que hacer es dejar de escuchar música que hable sobre el desamor, ¿por qué esto? Ponte en la situación del amor, si tú fueras el amor estarías con alguien que solo escucha música de desamor, no verdad.*

La música te eleva a determinados estados emocionales, dependiendo qué tipo de música sea.

Hace años que ya no escucho música negativa y de desamor y me di cuenta de que no hay mucha variedad de canciones para el amor, hay más de desamor.

No sé si es porque vengo de un padre que fue músico, pero para mí la música hay que sentirla con el alma, tienes que sentirla dentro del corazón, disfrutarla.

Por lo que si vas atraer el amor tienes que cantar y escuchar las canciones como si esa persona estuviera ya contigo y se la cantaras o se la dedicaras.

Como si ya estuvieras enamorado, aunque no tengas pareja. Sí parece algo loco, pero qué vas a perder si lo haces, esto no se lo tienes que contar a nadie, de hecho no se lo tienes que contar a nadie hasta que no veas manifestado eso que ya quieres.

Disfruta al máximo de la vida en cada detalle, una manera fácil de llegar a un estado emocional alto. Dejar de enfocarte en canciones de despecho te hace ver el amor de otra manera.

Te voy a dejar aquí algunas canciones de ejemplo, aunque si te soy sincera hay más canciones de desamor y de despecho que de amor, pero las que hay son maravillosas.

- *Estoy enamorado* de Thalia y Pedro Capo.
- *Solo para ti* de Camila.
- *Todo Cambió* de Camila.

- *Más que Suerte* de Beatriz Luengo.
- *Deja que te bese* de Alejandro Sanz y Marc Anthony.
- *Te Amo* de Chayanne.

Y muchas más puedes buscar en YouTube, lo que si te puedo decir que no todos los cantantes le cantan al amor y Chayanne es uno de los que más le canta al amor, creo que es porque está enamorado de la vida, de su esposa y de su familia.

- *Lo segundo que tienes que hacer es apuntar en un papel todo aquello que quieres de esa persona especial, y aquí quiero hacerte un paréntesis, sé sincero contigo y pide aquello que tú estás dispuesto a dar.*

Es decir, si quieres que no le guste la fiesta será porque a ti tampoco te gusta, sé específico y piensa bien en lo que realmente quieres.

El grave problema es que no sabemos realmente lo que queremos y esto solo pasa cuando no sabemos quiénes somos y lo que realmente queremos.

Después de que hagas esta lista léela todos los días al despertarte y antes de acostarte, bendice esas cualidades y agradece, porque aunque no lo veas ya está preparándose para ti.

Puedes hacerlo de dos maneras, hacer una descripción de esa persona de tus sueños o simplemente describir las cualidades, porque luego puedes visualizar realmente lo que quieres.

Escribe tu lista de cualidades, pero también visualízate con ella.

Otra cosa que es muy importante, cuando escribas sus cualidades la mente intentará persuadirte como lo hace siempre con alguna excusa, que tú no te mereces a alguien así, pero créeme, es mentira, ella solo trata de protegerte, así que no la escuches y tú sigue a lo tuyo.

19. Quién es esa persona que está en algún lugar del mundo para mí

-
-
-
-
-
-
-
-
-
-
-
-
-
-
-
-
-
-

Yo sabía que dentro de mí había muchos temores, demonios, manías y miedos que no me dejaban tener ese verdadero amor que yo sabía que me merecía.

Así que hice una promesa conmigo misma ser esa persona tan bella y maravillosa que ese amor amara como a él mismo.

Con esto te quiero hacer consciente de que nadie es perfecto, pero no por eso tienes que ir como una autoridad delante del otro para que te aguante tal y como eres.

Una relación es como un equipo donde todos los integrantes tienen que poner de su parte para que la relación funcione y sea hermosa.

Así que en la siguiente hoja describe qué estás dispuesto a dar y sé sincero, pero sobre todo cuando tengas la relación que esta parte no se te olvide.

Esto es lo que más tienes que tener presente a diario porque aquello que tú das es aquello que recibes.

20. Qué estoy dispuesto a darle yo a esa persona

-
-
-
-
-
-
-
-
-
-
-
-
-
-
-
-
-
-
-

21. Visualízate con esa persona que sueñas

La mayoría de las personas cuando se les dice visualizar se les complica la vida, porque no lo saben hacer porque se complican tratando de crear la imagen y la verdad es mucho más fácil de lo que todo el mundo piensa.

¿Recuerdas cuando eras niño y te imaginabas qué era lo que querías ser?

Para ello utilizabas la imaginación y te creías aquello con lo que soñabas.

Es así de fácil, no hay más, pero para esto tienes que dejar afuera los prejuicios y no puedes ser nada racional, porque si dejas que tu mente tome el partido no lo vas a lograr.

Tienes que recordar aquello que hacías cuando eras niño, porque ese niño existe dentro de ti, no se ha ido nunca de tu lado, pero como nos dejamos absorber por esto que llamamos racionalidad y realidad no lo puedes lograr.

Después de eso imagínate con esa persona maravillosa que quieres, no importa que no tenga cara, tú imagina y crea la sensación de cómo te trata, cómo te besa, cómo se comporta contigo.

De esa manera es que se visualiza como si esa persona ya estuviera contigo y estuvieras reviviendo un recuerdo.

En uno de los ejercicios anteriores describiste a esa persona que está en algún lugar del mundo para ti, si quieres para que se te haga más fácil soñar despierto puedes escribir en un papel dando las gracias porque esa persona ya está en tu vida, aunque no esté.

Tú no lo ves, pero ya está disponible, lo que tenemos que hacer es cambiar la trayectoria que llevamos antes. Te acuerdas que en el primer libro te hablé de que las decisiones cambian tu destino, pues esto es eso mismo, vamos a elegir cambiar el destino que hasta ahora llevas con las parejas.

Así que escribe en un papel y agradece por ese hombre o mujer que acabas de describir y de allí revive esa imagen en tu mente como si ya ese hombre hubiera aparecido en tu vida.

Escribe en tu papel: YO, nombre y apellido, agradezco y bendigo a este hombre maravilloso con estas cualidades, en armonía para todo el mundo y de acuerdo con la gracia perfecta. Gracias, padre, que ya me has oído.

22. Crea tu panel visionario

Lo que más me gusta de todo esto es que puedes hacer de todo esto un juego, puedes recordar cuando eras niño y disfrutabas haciendo recortes y pegando cosas.

Yo soy una persona muy perfeccionista por lo que a veces me pierdo en esta perfección y se me olvida que lo esencial de la vida es disfrutar y ser como niños, vinimos a evolucionar, pero aparte de eso nuestra misión es aprender a ser felices pase lo que pase.

Panel visionario, tablero de los sueños, o mapa de los sueños, tiene diferentes nombres eso no importa, todos son los mismos.

Lo que vamos hacer aquí es a crear un tablero en el cual estén cada uno de los sueños que tienes, aquí no solo te voy hablar de relaciones, sino de todo aquello que te haga feliz o con lo pienses que te haga feliz.

Hace muchos años, desde que vivía en Venezuela hago este tablero y poco a poco he ido cambiando este tablero, porque mi conciencia ha ido cambiando también y me he dado cuenta de que no necesito muchas cosas materiales para ser feliz.

Mi nuevo tablero de los sueños está hecho no solo con mucho amor sino que he disfrutado mucho haciéndolo, por supuesto hay un montón de cosas que se me han cumplido en los anteriores que he hecho.

Así que empecemos:

Compra un corcho, cartulina, o hazlo en hojas, recorta todo lo que te gustaría tener en la vida.

Lo vamos hacer por secciones que sean importantes para ti, yo te voy a explicar el mío y para que tú puedas crear el tuyo.

Lo tengo dividido por secciones, familia, amor, cosas materiales, propósito de vida y con muchas frases inspiradoras, tengo también a gente que me inspira en cada una de las áreas que quiero mejorar y los sueños que tengo.

Tengo frases positivas que me inspiran, pero sobre todo y muy importante cada una de las imágenes que tengo me inspiran y me dan un sentimiento de pasión y positivismo que cada vez que lo veo, no me cabe la menor duda de que voy a conseguir cada una de las cosas que están allí.

Si tienes dudas puedes entrar en YouTube y buscar cualquiera que te explique sobre esto, pero sobre todo que más resuene contigo.

El universo trabaja duro para darte algo nuevo.

Tú pides por lo POSIBLE y él te dará lo IMPOSIBLE.

Lain García Calvo.

Tal vez dudes tanto que te alejes de aquello que más deseas, pero hay un mundo cuántico que parece mover los hilos de una forma tan sutil que no eres consciente de nada, pero tu interior lo sabe todo.

...Y de pronto allí estaba él, parado frente a ella mirándole a los ojos, y fue en ese preciso instante cuando ella entendió el mensaje del ángel, no necesitaba saber nada más, era él, no era un hombre cualquiera era su sueño hecho realidad, ya le conocía, ya estaba enamorada de él porque desde pequeña soñaba con él.

> **Cuando una persona desea realmente algo, el universo entero conspira para que pueda realizar su sueño.**
>
> **El Alquimista.**
>
> **Paulo Coelho.**

Ángeles y guías espirituales

Lo mejor que me ha podido pasar en la vida es saber que es real todo aquello que de pequeña creía. Ahora entiendo mi obsesión con los ángeles de siempre.

Sí estamos rodeados de ángeles y arcángeles que nos facilitan la vida y que lo único que quieren es que seamos felices.

No me equivocaba aquella vez cuando un policía de tránsito estaba allí en una calle de Caracas.

Recuerdo que me dijo sonriendo *"Te has lanzado a los coches, ¿acaso te quieres matar?"*

Y yo como si le conociera de toda la vida y sonriendo le dije: "Me persigue un hombre que quiere robarme" y le mostré quién era y me dijo: *"Seguro que lleva una pistola porque con el calor que hace no es normal que tenga esa chaqueta".*

El resto de la conversación no la recuerdo bien, pero sí recuerdo dos cosas importantes.

La primera: Cuando me di cuenta de que me perseguía dije: en voz alta "que sea lo que Dios quiera" y después de eso vi al policía.

Y lo segundo: Es que me acompañó hasta mi casa. En ese mismo instante supe que estaba allí para protegerme.

Sé lo que estás pensando.

¿Por qué nos pasan cosas malas?

Yo nunca me he hecho esta pregunta, porque creo que mi alma era consciente de que la vida está para que nuestra alma evolucione, por lo cual nuestra misma alma pacta los términos en los cuales viene, su misión de vida, aprendizaje de nosotros y de las almas que vienen con nosotros (amigos, familias, hijos, etc.)

Echo una mirada al pasado y puedo ver y entender cada instante donde la ayuda de los ángeles ha sido más evidente.

Yo puedo distinguir sus pensamientos hacia mí, lo que quieran decir, su presencia, pero sobre todo sus respuestas a mis peticiones.

Y no es que yo sea especial, todo el mundo que quiera los puede sentir y oír, porque todos y cada uno de nosotros tiene dos ángeles y guías protectores que están con nosotros desde nuestro nacimiento.

Ellos son solo amor, pero también respetan tus decisiones, si crees en ellos o no. Pero ojo, esto es importante, nunca te dejan solo.

Su misión es estar contigo hasta que marches de este plano.

También tienes a tu disposición el resto de los ángeles y arcángeles cuando necesites.

¿Sabiendo esto no vives más tranquilo?

¿Por qué yo sí?

Me parece maravilloso tener un grupo celestial conmigo y a mi disposición. Pero también es importante que entiendas que ellos también tienen la libertad de responder a tus plegarias en el momento que ellos consideran correcto, no cuando tú creas.

La realidad es que nuestra mente interfiere, nuestra mente nos hace creer que lo sabemos todo y que todo eso que sabemos es real y que cuando preguntamos algo o pedimos una respuesta no las tiene que dar enseguida.

Pero no es así, la verdad es que no sabemos nada, tenemos que aprender nuestras limitaciones y que el momento en que tenemos la repuesta es porque estamos a nivel de conciencia preparados para recibirla.

23. El poder más grande es el amor

El amor es la base fundamental de la vida, todo lo maravilloso de la vida es una creación de amor.

El amor es aquello que mueve el mundo, es la energía que sustenta al universo, ya que sin amor no hay unión, todos somos uno, y no estoy hablando de un amor en particular, te estoy hablando del sentimiento puro que se siente por una persona, por un amigo, por un hijo, por un perro, por una planta, etc.

Y aunque parezca que cada vez hay menos esperanza por lo que te quiero hablar del encargado en el mundo celestial del amor, es el **Arcángel Chamuel**.

El Arcángel Chamuel es el Arcángel del amor, también llamado **Samuel**, que significa ***"El que ve a Dios"*** o ***"El que busca a Dios"***.

Sus cualidades son el amor incondicional, la misericordia, el perdón, la compasión, la creatividad, la sinceridad, la dedicación, el amor propio y el desarrollo espiritual, la conexión con tu ser, quien has venido a ser.

Su color o rayo es rosa.

Su día de la semana es el martes.

A él se le asigna el chakra del corazón.

Él nos ayuda en el desarrollo espiritual, nos ayuda a honrar quien realmente somos desde nuestro ser.

Sus virtudes son el amor incondicional a Dios y el prójimo.

- La dedicación.
- La devoción.
- La gratitud.
- El servicio a los demás.
- El aprecio.
- El respeto a la vida.
- La dulzura.
- La ternura.
- El afecto.
- La tolerancia.
- La auto - aceptación.
- La compasión.

- La misericordia.
- La caridad y la belleza.

Te puede ayudar y llenar de amor cuando lo necesitas y te libera de las emociones negativas que son lo contrario al amor.

- Del resentimiento.
- Del rencor y el odio.
- De la amargura.
- Nos ayuda a creer más en nosotros mismos.
- También te ayuda cuando alguien nos envidia y nos odia.
- Y nos libera de la soledad.

Siente su luz de amor incondicional que va como un rayo directo a tu corazón cuando necesites de él, cuando necesites trabajar el perdón o cualquier emoción negativa.

También para trabajar tu relación amorosa actual y para encontrar la armonía en ti y en el otro porque recuerda que somos uno.

No necesitas una oración específica para tener la ayuda de los ángeles y la corte celestial, en realidad no necesitas más que sentir el latido de tu corazón, ellos están allí, esperando a que tú les pidas ayuda.

Pero si quieres una oración, te dejo esta.

Oración al Arcángel Chamuel.

Amado Arcángel Chamuel, enséñame amarme a mí misma a vibrar en amor, trasmuta cada una de mis energías negativas en positivas.

Libérame del resentimiento, la ira y el odio, lléname de tu infinita sabiduría y de tu amor incondicional.

Llena mi corazón de alegría, enséñame a comunicarme desde el amor en cualquier relación.

Que tu luz rosa sonría conmigo entre el corazón y limpie cada célula de mi ser, mis memorias de resentimiento amarguras y soledad.

Llévame hacia las líneas de la vida donde el amor está conmigo (aquí puedes pedir cualquier cosa).

Dame paz interior y enséñame el camino correcto hacia mi destino soñado.

Si te sientes perdido le puedes pedir claridad para tu propósito de vida o misión de vida.

Oración para atraer el amor:

Pido al Arcángel Chamuel y al rayo rosado de amor incondicional la apertura del canal de amor, para recibir mi alma gemela o afín que esté en correcta armonía con mi ser en evolución, que cumpla con todo lo necesario, para abrir mi misión, reconociendo como único camino de evolución.

Yo _____ me abro al canal de amor infinito en acción, activo la llama trina de amor en mi corazón. Yo activo el amor sobre mi ser para poder recibirlo en toda su expresión que así sea, así es y así será.

Oración de Alfonso León, Arquitecto de sueños.

Da igual lo que hagas, si piensas que lo exterior es diferente a lo interior no hay nada que te pueda funcionar.

Ten en cuenta y muy claro que nada se arregla de afuera hacia dentro, de verdad créeme cuando te digo que eres magia.

Todo es una expansión y proyección de ti por lo que cualquier relación fuera es una proyección de cómo te tratas a ti mismo.

Detrás de una persona exitosa hay una historia, tal vez parecida a la tuya que te ayudará a impulsarte a conseguir tus sueños.

Julieth Pareja Ríos

24. Crea tu propia historia

Quiero terminar este libro como lo hice en el primero, diciéndote que *"sueñes en grande"*.

Pero recuerda que aunque tú tengas ese sueño necesitas un motor *"Fe"*, ella es la llama que enciende el motor para poder llegar lejos, porque si es grande seguro que está lejos, aun así puedes soñar todo lo grande que quieras.

Te quiero dar este ejemplo que me ha llegado a través de mi hijo del jugador de futbol **Romelu Lukaku**.

Historia de superación:

Desde muy pequeñito decidió su futuro, su familia atravesó grandes problemas económicos que los hizo quedar en quiebra. El mismo jugador contó su historia cuando empezó el mundial 2018, en la columna en el **The Players Tribune.**

"Tenía 6 años, y volví a casa a almorzar al salir del colegio. Mamá tenía lo mismo de siempre en el menú: pan y leche. Pero ese día volví a casa y mamá empezó a mezclar la botella de leche con algo más. Ella me sirvió el almuerzo con una sonrisa como si todo estuviera bien. Pero comprendí lo que estaba haciendo. Estaba mezclado leche con agua. No teníamos suficiente dinero para hacer durar la botella toda la semana. No éramos solo pobres; estábamos quebrados".

Él se planteó ser profesional del futbol y soñaba con ser el mejor jugador belga de la historia.

"No quería ser bueno, ni tampoco excelente, quería ser el mejor, jugué con mucha bronca, por muchas cosas: por las ratas que corrían por nuestro departamento, porque no podía ver la Champions League por televisión, por los padres de los compañeros que me miraban mal. A los 12 anoté 76 goles en 34 partidos, los cuales los hice con los botines de mi padre".

Él veía el sufrimiento de su madre, él le prometió a su abuelo que sería un jugador profesional al igual que fue su padre.

A los 16 años y 11 días, Lukaku firmó su contrato profesional con Anderlecht, tal y como se lo prometió a su familia.

"A la gente del futbol le gusta hablar de fortaleza mental. Bueno soy el tipo más fuerte que jamás conocerán, recuerdo estar sentado en la oscuridad con mi hermano y mi mamá rezando, pensando, y creyendo y sabiendo qué iba a pasar".

Romelu Lukaku.

Historia de superación de J. K. Rowling: La creadora de la famosa Saga de Harry Potter.

Creo que todo el mundo se sabe un poco la historia de la creadora de la saga de Harry Potter, desde que he empezado este camino de ir tras mi sueño leo historias inspiradoras como esta que me den fe y esperanza de que sí se puede crear una vida distinta a la que hasta ahora he tenido.

Cada historia personal de gente de éxito es una historia de aprendizaje que te puede ayudar a realizar cada sueño que en este preciso momento parece imposible.

En 1982, Joanne intentó entrar en la Universidad de Oxford, pero no fue aceptada lo que la hizo entrar en la Universidad de Exeter.

Joanne escribía desde que era pequeña y su madre siempre la apoyó en su sueño de escribir, en 1990 empezó a escribir una historia de un niño que asistía a una escuela de magia, luego que su tren tuviera un retraso de cuatro horas.

En diciembre de ese mismo año muere su madre, lo que da vida a lo que Harry Potter siente por sus padres muertos.

Por trabajo se trasladó a Oporto, Portugal, donde conoció a un periodista con el que se casó en 1992 y en 1993 tuvieron a su hija, aunque previamente había tenido un aborto involuntario.

La pareja se separó en noviembre de 1993 por lo que ella en diciembre del mismo año se mudó a Edimburgo (Escocia) para estar cerca de su hermana, en ese momento ya tenía tres capítulos de lo que sería una saga de más de tres libros y muchos futuros desenlaces de la misma.

Aunque siete años después de graduarse de la Universidad, ella se veía como un fracaso ya que su matrimonio había fallado, estaba desempleada, con una niña pequeña y sobreviviendo a duras penas con un cheque de la seguridad social británica. Durante este tiempo le diagnosticaron depresión clínica y llegó a considerar el suicidio como una opción.

Esto que para mucha gente son un cúmulo de decepciones tras otra, ella lo utilizó para escribir esa historia que tenía en su mente y que luego se convertiría en una famosa saga de libros y de películas, para ella fue liberador escribir, era su manera de escapar de una vida que no le gustaba.

No digo que tú hagas lo mismo, pero ella vio una vía de escape y a eso se aferró, había fe y esperanza de un cambio de vida, aunque no lo viera en ese momento como algo real.

En 1995 ella terminó su primer libro titulado *Harry Potter y La Piedra Filosofal*, el libro fue enviado a doce editoriales y todas lo rechazaron porque el título aludía a un texto infantil y en ese entonces los textos infantiles no eran fáciles de vender.

Un año después finalmente un editor de una editorial de Londres pagó 1500 libras como adelanto de los derechos de autor, la verdad, aunque había pagado por él no le daba esperanza a Joanne de que pudiera vivir de ello, así que le aconsejó que buscara otro empleo.

En 1997, publicaron la primera edición de *Harry Potter y la Piedra Filosofal* con una tirada de 1000 copias, 500 de las cuales fueron distribuidas en bibliotecas públicas (las cuales hoy en día están valoradas en 16.000 y 25.00 libras cada una).

El cuarto libro *Harry Potter y el Cáliz de Fuego* se lanzó simultáneamente en el Reino Unido y los EE. UU, en julio del 200 y batió récords de ventas de ambos países con 372.775 copias vendidas en su primer día, casi el mismo número de ventas que tuvo *Harry Potter y el Prisionero de Azkaban* durante su primer año. En Estados Unidos se vendió el libro en 48 horas lo que hizo romper todos los récords de Best Seller que había hasta ese momento.

El sexto libro *Harry Potter y el Príncipe Mestizo* y el séptimo libro rompieron récords de ventas, uno con nueve millones de copias en las primeras 24 horas de lanzamiento y el otro con once millones de ventas en las primeras 24 horas de lanzamiento.

"No necesitamos magia para cambiar el mundo, llevamos todo el poder que necesitamos dentro de nosotros."

J. K. Rowling.

Por último quiero contarte la historia de superación de una mujer que me cambió la vida y la cual me ayudó no solo a creer en mí, sino a creer que si ella pudo yo también podía cumplir cada uno de mis sueños.

Recuerda que es importante enfocarte en personas de éxito que te inspiran, porque ellos han sido personas normales que han tenido el valor y la fe de creer en ellos mismos.

Historia de Superación de Mary Kay Ash.

Nació en el 12 de mayo de 1918 en Texas, Estados Unidos. Su madre trabajaba casi alrededor de 14 horas diarias, por lo que siendo niña ella tenía que quedarse en su casa con su padre que se encontraba muy enfermo.

Su madre la impulsaba cada vez que podía y la estimulaba con confianza repitiéndole "Tú puedes hacerlo". Esto la llevó a crear una personalidad con iniciativa, empuje y emprendimiento.

Trabajó casi toda su vida para grandes empresas de ventas directas, enseñando, pero en su época las mujeres no ascendían a condición de jefe por mucho que supieran y los años que llevaran en su compañía.

A los 65 años decidió que ya no quería trabajar en lugares donde no apreciaran su valía y sus conocimientos, así que se retiró de la empresa.

Sin proponérselo realizó un plan de mercado y cuando lo terminó se dio cuenta de que con eso podía emprender su propio negocio.

Así que cogió los ahorros de ella y de su marido (5000 mil dólares) y creó su propia compañía de cosmética.

Actualmente es una de las compañías más grandes de cosméticos dedicadas a la venta directa, está en más de 37 países y cuenta con más de un millón de consultoras y factura más de 3.200 millones de dólares al año y está en la revista Forbes como una de las 100 mejores empresas para trabajar.

El lema de la compañía es *"Trata a los demás como te gustaría ser tratado"* y su base fundamental es *"Mantener sus prioridades en orden"*.

Mary Kay Ash

¿Por qué te cuento todas estas historias que parece que no tienen nada que ver con mis libros?, porque mi meta es crearte una visión de gente que ha podido lograr cualquier cosa en la vida que parecía Imposible a sus ojos con una decisión, aun a pesar de sus circunstancias en ese momento.

Así te pregunto *¿qué te está deteniendo para ser quien de verdad quieres ser o para cumplir tus sueños?*

Lain García Calvo suele decir que siempre hay alguien en una familia que es el encargado de mostrar el camino al resto.

La vida te pondrá pruebas de todo tipo pero solo tú eres el único de hacer que eso no sea más que un aprendizaje de ser más grande cada día.

Sueña en grande y ve a por esos sueños que parecen Imposibles, pero que solo tú eres capaz de hacerlos Posibles.

Tal vez todo se torne difícil a tu alrededor e injusto, pero eso te está preparando para una vida genial y maravillosa, esa que sabes que te mereces.

Yo no era consciente de cual era esa fe inamovible que se referían todos esos escritores que leía. Tal vez a ti también te pase eso.

Pero hubo un momento en mi vida que lo supe y lo supe porque mi corazón me lo dijo con toda mi intensidad.

Lo sentí en mi corazón, no paró de latir y como por arte de magia todo cobró sentido y ya no me daba miedo nada y, de repente, me sentí valiente y con más fuerza de la que nunca había sentido. Dudé, por supuesto, que dudé. Siempre hay dudas, esas que te llenan la mente de preguntas con respuestas totalmente lógicas y miedos que te paralizan.

Pero esta vez Dios (el universo, la energía, llámalo como quieras) me había hablado y me había mostrado el camino, ya había sido demasiado rebelde poniendo excusas que sólo me creía yo y la gente de mi alrededor.

Lo peor de todo es que yo pensaba, todo el mundo quiere un cambio, todo el mundo opina para que cambies y llegues a ser alguien mejor del que eres, pero cuando decides hacerlo, la mayoría de la gente te tilda de loco, de que eso no se puede y que no es fácil.

Pero contra todo pronóstico esta vez estaba segura de que iba por buen camino, era una seguridad inexplicable y además cara a mi sueño todo en el universo se confabulaba para que siguiera ese camino.

Poco a poco me fui dando cuenta de que estaba en el camino correcto, pero también supe que no sería nada fácil, por lo menos al principio. Pero yo tenía una cosa clara, al final valdría la alegría y no sólo por mí, también por la gente a mi alrededor.

El sueño no sólo era por mí y para mí, era para mi familia y para mí.

El resultado de esto... mis tres libros, y la mejor de la comunicación y relación con mi hijo y con los que me rodean.

Nada de lo que te pueda decir con palabras te podrá explicar la sensación de lograr algo que deseabas tanto y lo que eso causa en tu vida.

Así que no hagas más caso a nadie que no seas tú y a esa magia que te susurra sueños y haz lo que sea, pero nunca te conformes con menos de lo que te mereces aunque sea un sueño que parece Imposible.

Apuesta por ti siempre, quiérete, ámate, pero sobre todo sé feliz y disfruta la vida, pero sobre todo crea tu propia historia de vida, no solo por ti sino por el mundo.

Sé ese punto de luz que brilla tanto que tu alrededor se ilumine, nunca sabes a quién le puedes iluminar el mundo.

El Alpinista Y La Cuerda
Jorge Bucay.

"Había una vez un hombre que estaba escalando una montaña. Estaba haciendo un escalamiento bastante complicado, una montaña en un lugar donde se había producido una intensa nevada.

Él había estado en un refugio esa noche y a la mañana siguiente la nieve había cubierto toda la montaña, lo cual hacía muy difícil la escalada.

Pero no había querido volverse atrás, así que de todas maneras, con su propio esfuerzo y su coraje, siguió trepando y trepando, escalando por esta empinada montaña.

Hasta que en un momento determinado, quizás por un mal cálculo, quizás porque la situación era verdaderamente difícil, puso el pico de la estaca para sostener su cuerda de seguridad y se soltó el enganche.

El alpinista se desmoronó, empezó a caer a pico por la montaña golpeando salvajemente contra las piedras en medio de una cascada de nieve.

Pasó toda su vida por su cabeza y, cuando cerró los ojos esperando lo peor, sintió que una soga le pegaba en la cara. Sin llegar a pensar, de un manotazo instintivo se aferró a esa soga.

Quizás la soga se había quedado colgada de alguna amarra... si así fuera, podría ser que aguantara el chicotazo y detuviera su caída.

Miró hacia arriba, pero todo era la ventisca y la nieve cayendo sobre él. Cada segundo parecía un siglo en ese descenso acelerado e interminable. De repente, la cuerda pegó el tirón y resistió.

El alpinista no podía ver nada, pero sabía que por el momento se había salvado. La nieve caía intensamente y él estaba allí, como clavado a su soga, con muchísimo frío, pero colgado de este pedazo de lino que había impedido que muriera estrellado contra el fondo de la hondonada entre las montañas.

Trató de mirar a su alrededor, pero no había caso, no se veía nada. Gritó dos o tres veces, pero se dio cuenta de que nadie podía escucharlo.

Su posibilidad de salvarse era infinitamente remota; aunque notaran su ausencia nadie podría subir a buscarlo antes de que parara la nevisca y, aun en ese momento, cómo sabrían que el alpinista estaba colgado de algún lugar del barranco.

Pensó que, si no hacía algo pronto, éste sería el fin de su vida.

Pero ¿qué hacer?

Pensó en escalar la cuerda hacia arriba para tratar de llegar al refugio, pero inmediatamente se dio cuenta de que eso era imposible.

De pronto escuchó la voz. Una voz que venía desde su interior que le decía "suéltate". Quizás era la voz de Dios, quizás la voz de la sabiduría interna, quizás la de algún espíritu maligno, quizás una alucinación... y sintió que la voz insistía "suéltate... suéltate".

Pensó que soltarse significaba morirse en ese momento. Era la forma de parar el martirio. Pensó en la tentación de elegir la muerte para dejar de sufrir. Y como respuesta a la voz se aferró más fuerte todavía. Y la voz insistía "suéltate", "no sufras más", "es inútil este dolor, suéltate".

Y una vez más él se impuso aferrarse más fuerte aún, mientras conscientemente se decía que ninguna voz lo iba a convencer de soltar lo que sin lugar a dudas le había salvado la vida. La lucha siguió durante horas, pero el alpinista se mantuvo aferrado a lo que pensaba que era su única oportunidad.

Cuenta esta leyenda que a la mañana siguiente la patrulla de búsqueda y salvataje encontró un escalador casi muerto. Le quedaba apenas un hilito de vida. Algunos minutos más y el alpinista hubiera muerto congelado, paradójicamente aferrado a su soga... a menos de un metro del suelo."

Hasta ahora cuántas veces te has aferrado a una cuerda por el miedo a morir sin darte cuenta de que en realidad te estás matando poco a poco, no permitas que el miedo te controle y te paralice, suelta las cuerdas que te atan a aquello que quieres y libérate.

Cree en ti y ve detrás de tus sueños, no permitas que nadie te limite, pero sobre todas las cosas no seas tu propio enemigo, no seas tu propia limitación, porque la mayoría de las veces nosotros somos nuestro propio enemigo.

Crea tu propia historia de éxito y sé ejemplo para el mundo que tiene una historia parecida a la tuya.

25. La luz de los niños

A pesar de que superado varios obstáculos como muchas personas y los cuales han sido un ejemplo maravilloso para la escritura de mis tres libros, te quiero hablar de mis propósitos principales, ayudar a los padres en todo lo referente a sus hijos.

He repetido mucho que hay una fuerza interior que sabe más que tú a la cual he llamado magia, porque eso es lo que es para mí, es magia en un mundo al que mucha gente le busca lo lógico y lo racional.

Sin embargo, no ha sido hasta después de escribir los tres libros que me he podido dar cuenta de que había un motivo por el cual decidí ser madre soltara, un motivo por el cual pude darle la vuelta al mal comportamiento de mi hijo cuando entró en la adolescencia.

Había un motivo cada vez que pensaba porque no había una cosa u otra para una mejor comunicación con tu hijo.

Y un motivo por el cual he sido desde pequeña una persona empática con la magia de soñar cosas que luego se hacían realidad, de tener sensaciones inexplicables que me llevan a tener la certeza de algo.

Todo es magia y todo es una sola cosa, por lo que sé he aprendido en este camino que mi misión no es solo ayudarte a tener una buena comunicación y relación con tus hijos sino también a entender a esos niños o a la mayoría de los niños que vienen aquí con una doble misión.

Ayudar a esos padres a entender que sus hijos no están locos, que tal ellos como padres también vinieron con ese nivel de conciencia, pero lo han olvidado.

Los niños son canalizadores por ser limpios de corazón, así que mi misión te la contaré de una manera más amplia en mi cuarto libro donde te hablaré de todo esto, de los niños índigo y cristal, te hablaré de almas viejas y te hablaré de lo que está pasando en este mundo donde los adultos nos perdemos en el descontrol por sufrir y evitamos cualquier aprendizaje para nuestros hijos, haciendo que muchas de estas almas se pierdan en la oscuridad.

Pensamos que las reglas que aprendimos son las reales *¿pero quién impuso esas reglas?*

¿Estás acaso seguro de que la vida es todo aquello que te han contado?

¿Sí es así porque aquellos que no siguen las reglas que la sociedad marca como reales son los que consiguen sus sueños?

Una de mis misiones es ayudar a esos destellos de luz que están aquí brillando desde que son pequeños para poder ser más el número que iluminemos el mundo.

Así que si eres padre o simplemente eres hijo que ha vivido este tipo de cosas te espero en las páginas de mi cuarto libro para que me ayudes a expandir esa luz que brilla y a ser cada día más amor.

Espero que mi libro te haya gustado tanto como me ha gustado a mí escribirlo. Lo escribí para que gente como tú sea capaz de creer que su sueño, al igual que el mío, se puede lograr, pero sobre todo espero que te haya ayudado a encender esa llama que está oculta en tu corazón y que está esperando a ser encendida.

Así que te voy a pedir un favor, hay que ayudar a que la gente crea que los sueños son posibles, que no hay nada en este mundo que no se puede cumplir, pero sobre todo que vean que la vida no va de lo que nos han dicho sino de la capacidad que tenemos de soñar.

Comparte en las redes sociales lo que más te guste de mi libro y ayuda a que el mundo de otros sea mejor, nos sentimos bien cuando ayudamos a los demás.

Búscame en mis redes sociales o escríbeme a mi correo para saber qué te ha parecido mi libro, me encantará saber noticias tuyas.

juliethparejarios@gmail.com

Facebook: juliethparejarios

Instagram: juliethparejarios

Únete a mi comunidad, tómate una foto como esta con mi libro y súbela a las redes sociales, nunca, nunca, nunca se trata de cada uno de nosotros, se trata de ser ese punto de luz que el mundo necesita.

Porque lo que la mayoría de la gente no ha entendido es que cuando tú cambias tu entorno cambia, es decir, tu pequeño mundo cambia y vamos expandiendo nuestra luz con todas las personas que tocamos.

Se trata de ayudar a otras personas a sentirse menos perdidos, a creer que no hay nada Imposible y que podemos soñar todo lo grande que queramos, eso es lo más bonito que existe.

Hace mucho tiempo que conozco las leyes universales, por lo que tengo claro que la abundancia viene dada del dar para recibir, siempre y cuando lo que des lo des de corazón y no por obligación.

Hace ya un tiempo que colaboro con una fundación que me enamoró desde que la conocí porque está hecha desde el amor y el cariño de sus fundadores.

Si hay algo que me gusta en la vida es la gente humilde y sencilla y ellos lo son, la Fundación se llama **Ochotumbao**.

Toda la información sobre esta fundación la puedes encontrar en internet.

Es una fundación que se encarga de ayudar a diferentes causas valiosas y humanas, por lo que el 10% de los beneficios recaudados con las ventas de mi libro irán destinados a esta fundación.

Lain García Calvo

Ya te he hablado de Lain en mis anteriores libros, y no quiero dejar de hacerlo aquí, creo que no hay una saga de crecimiento personal, metafísica y espirituales más completa, sencilla y práctica como la de **La Voz de tu Alma**.

Tiene hasta libros prácticos de cómo atraer el dinero, el amor y la salud, para mí es una de las mejores.

Yo tengo todos sus libros, Lain ha tenido parte muy activa de mi crecimiento personal, no solo es mi mentor sino también quien me ha impulsado para escribir mis libros.

Cuando cayó en mis manos *La Voz de tu Alma* mi vida no solo cambió sino que fui tras mis sueños, Lain te pone las pilas para que consigas tus sueños.

Amo el evento de Lain porque cada vez que voy subo de nivel y no solo eso, allí pasan cosas mágicas, pero lo mejor de todo es que te juntas con personas iguales que tú *"ovejas negras descarriadas"* como él bien dice.

Consigue la trilogía que te enseñará a tener más Fe y a utilizar esa energía interior para crear todo aquello que parece Imposible.

www.ingramcontent.com/pod-product-compliance
Lightning Source LLC
Chambersburg PA
CBHW030138170426
43199CB00008B/114